WICHTIG ZU WISSEN
GESHE RABTEN

WICHTIG ZU WISSEN

GESHE RABTEN

Edition Rabten

Herausgeber: Gonsar Tulku und Helmut Gassner
Verlag: Edition Rabten, Zürich
Druck und Bindung: Kösel, Kempten

INHALT

Dieses Buch enthält eine Niederschrift von Unterweisungen, die Geshe Rabten am 25.1.1980, 15.1.1983 und 11.4.1983 in Bern gegeben hat und von Helmut Gassner übersetzt wurden.

GESHE RABTEN

An einem klaren, sonnigen Herbstmorgen wachte ich mit einem Gefühl der Ruhe und des Glücks auf, wie ich es nie zuvor gekannt hatte. Einige Tage zuvor war mir erzählt worden, daß dieser Tage ein tibetischer Meister in der Schweiz erwartet werde, der für die besondere Fähigkeit bekannt war, den westlichen Menschen die Gedanken östlicher Philosophie verständlich machen zu können. Ich war entschlossen, mich von meinem Psychoanalytiker zu verabschieden und bei diesem tibetischen Meister zu lernen.

Am gleichen Morgen hatte ich eine Verabredung mit meinem Analytiker und erzählte ihm von der ungewohnten Erfahrung. Er war überzeugt, daß ich meine "Mitte" gefunden hatte und rätselte, wie es dazu gekommen war. Um das Rätsel zu lösen, gab er mir den Rat zu meditieren. *Und genau das hatte ich vor*, gab ich zur Antwort. Daß ich das Meditieren bei einem Meditationsmeister lernen wollte und nicht in der Psychologie, war auch nicht mehr schwierig zu sagen, und damit fanden die Reisen ins Reich der Träume ein elegantes Ende.

Bald darauf konnte ich diesen Meister treffen, es war Geshe Rabten. Ich bat ihn, mir Unterweisungen zu geben, worauf er freundlich einwilligte. Jede Woche konnte ich dann mit einer Gruppe von Interessierten seinen Ausführungen folgen. Die Dinge, die er erklärte, waren die grundlegenden Fragen des Lebens. Die Art, wie er sie erklärte, war auch für einen kritischen Techniker überzeugend: Logische Überlegungen waren die Grundlage jedes Gedankens, und schlagkräftige Analogien aus dem täglichen Leben brachten jeden Gedanken in greifbare Nähe. Die Vorlesungen an der Hochschule, die ich damals hörte, waren oft nicht so klar und logisch wie Geshes Erklärungen. Noch nie hatte ich Themen der Philosophie, der Religion oder einfach des Lebens mit solcher Präzision, Genauigkeit und praktischer Anwendbarkeit beschrieben gehört.

So war ich bald überzeugt, daß das Studium des Buddhismus sinnvoller ist als das Studium der Elektrotechnik und entschloß mich, meine technischen Studien abzubrechen, vielleicht wohl auch mit dem Hintergedanken, dadurch den Konsequenzen meiner Studienfaulheit der vergangenen Jahre entgehen zu können. In vielen Diskussionen mit betroffenen Eltern, Verwandten und Freunden konnte niemand stichhaltige Begründungen aufrecht erhalten, die mich zum Weiterstudieren gebracht hätten.

Als alle Vorbereitungen für meine Abreise in den Fernen Osten vollständig waren, dachte ich, Geshe Rabten von meinem Entschluß zu informieren. Seine Antwort war einfach: Nach dem Abschluß meines Technikstudiums sei noch genügend Zeit zu lernen, was immer ich wolle. Seine Persönlichkeit strahlte eine solche Ruhe, Gewißheit und Autorität aus, daß ich nicht einmal zu einem Gedanken der Widerrede fähig war.

Einige Wochen später gab Geshe Einweihungen und Unterweisungen, die den ganzen Tag dauerten. Da ich am Mittag zu faul war, ins Dorf hinunterzulaufen, kam ich um mein Mittagessen. Am Nachmittag spazierte ich ums Kloster und wurde langsam hungrig. Vor dem Kloster stand ein Apfelbaum mit reifen, lockenden Äpfeln. Der alte Spitzbube wußte damit auch schon, wie er den Hunger einfach stillen konnte. Der Einfluß von Geshes Unterweisungen war aber doch schon so wirkungsvoll, daß ich es zumindest unpassend fand, ausgerechnet vor dem Kloster zu stehlen. Gerade als sich dieser neue Gedanke festsetzte, kam Geshe aus der Türe und spazierte auf mich zu. Er fragte: *You hungry? Go to kitchen, ask cook for food!* Ich war ganz verdattert, gerade in diesem Augenblick auf meinen Hunger angesprochen zu werden, denn mit nur einem Mittagessen zu wenig konnte ich nun auch nicht so verhungert ausgesehen haben.

Nach dem Abschluß meiner Technikstudien war meine fernöstliche Sehnsucht vorbei, aber um so größer war der Wunsch, Tibetisch zu lernen und mit Geshe Rabtens Hilfe in die Geheimnisse des Buddhismus einzudringen. So durfte ich die traditionellen Studien der großen tibetischen Klosteruniversitäten mit einer Gruppe von Gleichgesinnten beginnen.

Schon beim ersten Kapitel der Texte über logische Debatte empfand ich die Genauigkeit und Klarheit der logischen Schlußfolgerungen allem mir bis dahin

Bekannten weit überlegen. Die verwendete Logik war nicht in Formeln verschlüsselt wie auf der Hochschule, sondern in eindeutig strukturierten Sätzen mit bekannten Worten formuliert. Durch die eindeutige Struktur waren logische Fehler so leicht erkennbar wie mathematische Fehlschlüsse, und durch die sprachliche Formulierung hatte jeder verstandene Schluß eine tiefe Wirkung auf den Geist.

Wenn Geshe längere Zeit fort war, ließ er uns von anderen Lehrern unterrichten. Oft bemühte ich mich mit allen mir möglichen Mitteln der Bedeutung mancher Texte auf die Spur zu kommen, und konnte nicht das konkrete, klare Verständnis finden, das ich suchte. Weder Debatten noch Auswendiglernen noch Fragen an den Unterrichtenden brachten mich zum Ziel. Als ich dann nach einer solchen Studienphase einmal länger bei Geshe sein konnte, stellte ich ihm einige der Fragen, die ungelöst geblieben waren. Seine Antwort dauerte kaum fünf Minuten, und die unlösbaren Unklarheiten wochenlanger Überlegungen waren klar, leicht verständlich und paßten bestens zu allem bisher Verstandenen.

Langsam erkannte ich, daß die schwierigsten Zusammenhänge leicht verständlich wurden, wenn Sie aus *seinem* Mund kamen, und daß es nicht *einen* anderen Lehrer gab, den ich zu dieser Zeit kannte, dessen Worte eine nur annähernd ähnliche Wirkung hatten. Später verstand ich, daß alle Erklärungen des Buddha lediglich eine Beschreibung der Wirklichkeit sind, und daß die Beschäftigung mit diesen Erklärungen zum Ziel hat, diese Erklärungen zuerst zu lernen, dann intellektuell zu verstehen und letztlich das Verständnis bis zur direkten Wahrnehmung der Bedeutung dieser Erklärungen zu vertiefen.

Man mag Lehrer finden, die die Zusammenhänge der Wirklichkeit gelernt haben, man mag auch solche finden, die sie verstanden haben, aber kaum zu finden ist einer, der sie wahrnimmt. Nur die Worte eines Meisters, der die Vergangenheit, die Zukunft und die Gegenwart betrachtet, als lägen sie in seiner Hand, können im Schüler eine Wirkung haben wie die Worte Geshe Rabtens.

Öfter ließ mich Geshe seine Unterweisungen übersetzen, obwohl mein Tibetisch noch erbärmlicher war als meine deutschen Formulierungen. Ich übersetzte gerne, weil seine Unterweisungen meinen Geist ohne Anstrengung in einen klaren, frischen und unbeschreiblich fröhlichen Zustand versetzten. Diese Kraft seiner Worte wollte ich gerne den Zuhörern weitergeben, aber immer hatte ich das Gefühl, Gold erhalten zu haben und weniger als rostiges Eisen weitergegeben zu haben. Am Ende einer Unterweisung war ich ganz überrascht zu sehen, daß nicht nur *ich* von Geshes Vortrag tief beeindruckt war, sondern die *Zuhörer* ebenfalls. Alles, was durch meine holprigen Übersetzungen vom Inhalt verlorenging, schien durch Geshes Segen und Einfluß dennoch bis zum Hörer zu gelangen, und zu meinem größten Erstaunen wurde mein Deutsch von Monat zu Monat besser.

Mit der Zeit lernte ich, nicht nur Geshes Worten bei *Unterweisungen* aufmerksam zu folgen, sondern auch seine Bemerkungen, Späße und nebenbei geäußerten Anregungen zu beachten, denn immer wieder zeigte es sich, daß seine Bemerkungen zukünftige Ereignisse vorwegnahmen und auf Gefahren hinwiesen. Wenn ich vor Entscheidungen stand, die ich nicht beurteilen konnte, bat ich Geshe um seinen Rat: *Dazu muß ich ein Mo machen*, war oft die Antwort. Ein Mo von Geshe hieß, daß er Aussagen über die Möglichkeiten und Gefahren der Zukunft gab, oft mit einer abschätzigen Bemerkung, daß es sich nur um ein Mo von *ihm* handle, also nicht so ernst zu nehmen sei. Aber die Zukunft gab ihm immer recht. Entscheidungen, die ich selbst fällte, trafen mit einer bestechenden Sicherheit daneben, wie ich es in meinem ganzen Leben gekannt hatte. Entscheidungen, die ich nach Geshes Rat fällte, trafen mit der gleichen Sicherheit immer ins Schwarze, die Situationen entwickelten sich zum Erfolg und Wohlergehen aller Beteiligten. Jeder, der sich auf ihn verließ, machte diese Erfahrung.

Nie konnte ich in Geshes Verhalten auch nur einen Hauch von Überheblichkeit erkennen, nie hörte ich ein böses Wort, nie machte er auch nur die geringste Andeutung, etwas anderes zu sein als alle andern. Auf besondere Fähigkeiten angesprochen, antwortete er, keine zu besitzen.

Im Jahr 1979 bekam Geshe einen kleinen Hund geschenkt, der sehr an Geshe hing. Einmal bemerkte Geshe: *Dieser Hund wird sehr leiden, wenn ich nicht mehr da bin.* Damals war Geshe achtundfünfzig Jahre alt, und ich dachte, *der Hund wird ganz sicher nicht länger leben als Geshe.* Und in meiner Klugheit dachte ich weiter, *Geshe weiß wohl nicht, daß so kleine Tiere kein langes Leben haben.*

Im Jahr 1983 hörte ich Geshe in einem Gespräch mit S.H. dem Dalai sagen: *Ich bin ein Mann von zwei, drei Jahren.* Ich erschrak über diese Aussage, vergaß sie aber bald.

Im gleichen Jahr sagte Geshe bei einem Spaziergang: *Meine höchste erreichbare Lebenslänge ist fünfundachtzig Jahre.* Ich war sehr erfreut, das zu hören, und bat Geshe, auch so lange zu verweilen. *Nicht bis 1985, sondern fünfundachtzig Jahre,* war Geshes Antwort. Dieser unnötige Zusatz verwirrte mich, da die erste Aussage eindeutig war.

Im Herbst 1985 wurde bei Geshe Leberkrebs diagnostiziert, die Ärzte gaben ihm noch drei Monate zu leben und sagten einen sehr schmerzhaften Tod voraus. Viele von Geshes Schülern waren bestürzt und verzweifelt. Geshe dagegen war so unberührt von der Nachricht, daß die Ärzte ihre Kollegen holten, um ihnen diesen Mann zu zeigen, der nach dieser Nachricht genauso fröhlich und unbeschwert war wie zuvor.

Deine erreichbare Lebenslänge ist fünfundachtzig, also was soll diese Krankheit, bitte bleib bei uns, sprach ich Geshe an, als ich ihn dann wieder sah. *Nicht fünfundachtzig, sondern sechsundachtzig,* war seine

Antwort, *und nicht bis 1986, sondern sechsundachtzig Jahre,* präzisierte er wieder zu meiner erneuten Verwirrung.

Entgegen den düsteren Voraussagen der Ärzte schien Geshe keinerlei Schmerzen zu haben. Auf die Frage eines Schülers, ob er nicht Angst vor dem Tod habe, antwortete er: *Mein Geist ist wesentlich glücklicher als deiner.*

Im Februar 1986 besuchte ich Geshe in Tharpa Choeling. Die Türe zu seinem Zimmer machte ich nur einen Spalt auf, um ihn nicht zu stören. Nach ein paar Worten der Begrüßung dachte ich, ihn sagen zu hören: *Du bist sicher müde von der Reise, geh hinunter und laß dir Tee geben!* Ich wollte mich umdrehen und die Türe schließen, und war ganz überrascht zu sehen, daß ich ins Zimmer *hineinging* und Geshe offensichtlich auch mit mir sprechen wollte.

Geshes Körper schien etwas kleiner geworden zu sein. Sein Gesicht aber hatte eine solche Ausstrahlung, daß ich von seinem Anblick ganz überwältigt war. Über eine Stunde unterhielt sich Geshe mit mir in der gleichen fröhlichen, unbeschwerten Art wie immer.

Drei Tage später wachte ich auf und dachte: *Er ist noch hier, aber ich kann ihn nicht mehr sprechen.* Einige Minuten später kam ein Anruf von Gonsar Rinpoche, und er sagte nur: *Jetzt ist er gegangen.* Geshe hatte an diesem Morgen aufgehört zu atmen und verweilte noch einen Tag und eine Nacht in Meditation. Als ich dann seinen Körper wieder sah, lag er auf seiner rechten Seite, so friedlich und entspannt, wie ich ihn oft schlafen gesehen hatte. Lediglich von seiner Nase lief eine feine Spur von Blut, das Zeichen, daß sein Bewußtsein den Körper verlassen hatte. Nichts erinnerte mich an einen Leichnam, und keinerlei unangenehmer Geruch war erkennbar.

Eine unglaubliche Ruhe erfüllte die Umgebung. Selbst Leute, die weder Geshe kannten, noch über die Ereignisse Bescheid wußten, waren überrascht von dieser Ausstrahlung des Friedens. Als ich einige Tage später Geshes Schrank öffnete, kam aus seinen Kleidungsstücken ein unbeschreiblicher, süßlicher, reiner Duft, den ich nie zuvor erfahren hatte.

Einerseits hatte ich das Gefühl, daß Geshe nun fortgegangen war, andrerseits waren während vieler nachfolgender Monate Gedanken an Geshe so klar und nah wie nie zuvor.

Etwas von dieser Ruhe ist auch heute noch bei Geshes Stupa in Tashi Rabten zu spüren, und der Duft in Geshes Raum ist immer noch wahrzunehmen. Eine Idee von Geshes Unterweisungen können sicher diese Texte vermitteln. Und wer die lebendige Gegenwart von Geshes Weisheit, Anwendung und Güte sucht, kann sie in seinem liebsten und außergewöhnlichsten Schüler, in Gonsar Rinpoche, noch immer erleben.

Helmut Gassner
Dipl. Ing. ETH

SHUNYATA

Ich begrüße Sie alle recht herzlich und freue mich sehr, Sie wieder zu treffen.

Wie Sie alle wissen, sind wir heute zusammengekommen, um über Dharma etwas zu erfahren. Das Wort *Dharma* bedeutet ungefähr das folgende: Wenn man es auf tibetisch übersetzt, dann wird es *Tschö* genannt, und *Tschö* heißt, *etwas in die Höhe halten* oder *etwas herausziehen.*

Man fragt sich vielleicht, aus was herausziehen? Die Wesen, die in Leid existieren, aus diesem Leid herauszuziehen und aus diesem Leid herauszuhalten: Das ist die wörtliche Bedeutung von Dharma oder Religion entsprechend dem tibetischen Ausdruck.

Dharma ist also etwas, was einen aus Leid, aus Schwierigkeiten heraushalten kann. Nun fragt man sich: Wie kommt es, daß ich immer noch Leid erfahre? Es liegt letztlich an einem selbst, die Mittel, wie sie im Dharma erklärt werden, anzuwenden, damit sie einen aus dem Leid heraushalten können. Wendet man sie nicht an, dann kann man natürlich auch nicht erwarten, daß einen das Dharma aus Leid und Schwierigkeiten heraushält.

Es gibt sehr viele Teile und Aspekte des Dharma, die man erklären könnte. Ich werde heute abend nur *einen* davon etwas genauer erklären.

Menschen im Daseinskreislauf haben alle *einen* Wunsch, und dieser Wunsch ist, ein Glück zu erreichen, das nicht nur ein gewöhnliches und vergängliches Glück ist, auch nicht ein Glück, das mit Leid oder Unzufriedenheit vermischt ist, sondern ein Glück, das vollständig frei von jeder Unzufriedenheit und jedem Leid ist, und ein Glück, das nicht abnimmt, sondern immer nur stärker werden kann. Wir sind mit dem Glück, das wir erfahren, nicht zufrieden, sondern wir wünschen uns immer mehr, ohne Grenze.

Was wir nicht mögen ist Leid, und zwar schon von so geringem Ausmaß wie das unangenehme Gefühl, das entsteht, wenn man etwas sieht, das einem nicht gefällt.

Die verschiedenen Menschen in den verschiedenen Ländern der Welt haben im allgemeinen verschiedenes Aussehen, verschiedene Gedanken und verschiedene Ansichten. Aber in bezug auf die Tatsache, daß sie alle Glück wünschen und Leid nicht mögen, sind sie genau gleich, einer wie der andere.

Nun, obwohl wir Leid nicht mögen und es verabscheuen, scheint es uns ohne Ende ständig zu befallen. Manche Menschen erfahren unerträgliches körperliches Leid. Andere Menschen wiederum erfahren unerträgliches geistiges Leid. Und wieder andere körperliches *und* geistiges Leid.

Einige von uns, gleich ob alt oder jung, erfahren zum gegenwärtigen Zeitpunkt vielleicht eine gewisse Ruhe und Zufriedenheit, aber dennoch sind wir in einem Zustand, in dem Leid und Schmerzen jeden Augenblick vor der Türe stehen können; als ob die Türe geöffnet würde und wir gerade hinaus zu diesem Leid gingen. Diese Tatsachen müssen wir nicht durch Zitate bekräftigen, auch nicht durch komplizierte Schlußfolgerungen beweisen, sondern wir können das alles mit unsern eigenen Augen erkennen.

Wenn man sieht, daß man unfreiwillig Leid erfährt und erfahren wird und diese Situation erkennt, dann wird einen die Abneigung gegen Leid nicht vor Leid bewahren, indem man nichts tut. Was zu tun ist, ist Mittel anzuwenden, die dieses Leid beseitigen und verhindern; und durch die Anwendung der geeigneten Mittel kann man auch wirklich ein Ziel erreichen.

Sucht man nach Mitteln, die es einem ermöglichen, die Erfahrung von Leid zu vermeiden, dann muß man zuerst herausfinden, *was* die eigentliche Ursache für Leid ist. Wenn man einmal die Wurzel von Leid gefunden hat und dann diese Wurzel nach und nach zerstört, dann wird auch das Leid, das man erfährt, unweigerlich langsam ein Ende nehmen.

Wenn wir jedoch die eigentliche Wurzel und den eigentlichen Ursprung von Leid nicht erkennen und diese nicht beseitigen, dagegen ständig versuchen, andere Umstände, die am Entstehen von Leid nur beteiligt sind, zu beseitigen, dann wird es uns vielleicht möglich sein, manche Leiden zu vermeiden, aber es wird uns nie gelingen, das Erfahren von Leid vollständig zu beseitigen.

Um das deutlicher zu verstehen, überlegen Sie sich folgendes Beispiel: Ein Haus hat im Dach ein Loch, und wenn es regnet, wird innen alles naß. Will man die Nässe im Haus loswerden, muß man das Loch im Dach finden und es flicken, und dann wird es im Haus von selbst trocken werden. Wenn man das Loch nicht sucht, sondern stattdessen immer nur das Wasser auf dem Boden aufwischt, kann man zwar immer wieder etwas Wasser entfernen und das Haus wird vielleicht stellenweise trocken, aber es wird sehr schwierig sein, es ganz trocken zu bekommen.

Nun fragt man sich: Was ist die Ursache für das Leid, das wir erfahren, woher kommt alles dieses Leid? Es kommt daher, daß wir die *eigentliche* Situation, die eigentliche Wirklichkeit nicht korrekt erkennen. Wir erkennen die innere, persönliche Wirklichkeit nicht korrekt, wir erkennen die äußere Wirklichkeit nicht korrekt. Dadurch, daß wir diese nicht korrekt erkennen, erfahren wir ständig Leid.

Wenn man die eigene innere Situation nicht richtig erkennt und bezüglich der äußern Situation im unklaren ist, dann tut man alles mögliche, und der größte Teil davon ist falsch. Auf Grund der Dinge, die man falsch macht, erfährt man Leid und Unzufriedenheit.

Die Handlung, die auf Grund eines Irrtums oder eines Fehlers entsteht, ist fehlerhaft oder inkorrekt.

Fehlerhafte Handlungen führen zu einem Resultat, das keineswegs gut, sondern schlecht sein wird, das eben Leid ist.

Wenn man die innere und die äußere Wirklichkeit so erkennt, wie sie tatsächlich ist, dann handelt man in Übereinstimmung damit und macht keine Fehler. Ist das eigene Handeln fehlerfrei, dann wird das Resultat, das daraus zu erwarten ist, etwas Gutes sein.

Deshalb ist es sehr wichtig, daß man die Situation des eigenen Inneren und die der äußeren umgebenden Welt so erkennt, wie sie tatsächlich ist.

Wenn Sie zum Beispiel einen Freund haben, dann ist es sehr wichtig, genau zu wissen, was für Eigenschaften, was für einen Charakter er hat. Kennen Sie Ihren Freund nicht genau - nehmen wir an, dieser Freund sei jemand, der Sie betrügt -, dann werden Sie durch seine Betrügereien früher oder später große Unannehmlichkeiten erfahren. Daß so etwas vorkommen kann, wird Ihnen nichts Neues sein.

Wenn Sie Ihren Freund genau kennen und er gut ist, dann um so besser; wenn er vielleicht nicht so gut ist und Sie betrügen könnte und Sie das wissen, dann werden Sie auf der Hut sein und nicht jedem seiner Worte gleich trauen, und dadurch werden Sie auch nicht so leicht betrogen werden.

In gleicher Weise ist es sehr wichtig, die Wirklichkeit so zu erkennen, wie sie tatsächlich ist.

Ich werde nun die innere und die äußere Wirklichkeit etwas beschreiben. Es ist nicht möglich, dies jetzt vollständig zu tun, aber soweit das möglich ist, werde ich es versuchen.

Zum Beispiel: Selbstverständlich gibt es unter den äußeren Objekten Berge und Seen, Wälder und große Täler; diese Dinge existieren. Wenn wir diese Dinge einfach ansehen und nicht weiter nachdenken, dann erscheinen sie uns auf den ersten Blick als etwas sehr Großes, Starkes, als etwas sehr Stabiles und Unveränderliches. Wenn wir aber ein bißchen weiter nachdenken, dann wird uns klar, daß alle diese Dinge, die uns so groß und fest erscheinen, aus lauter kleinen und kleinsten Teilen zusammengesetzt sind; daß sie aus einer großen Masse von winzigen Teilen, bis hin zu Atomen, einfach zusammengebaut sind.

Diese äußern Objekte bestehen also aus einer Anhäufung von unendlich vielen kleinen Teilen, die jeweils wieder von andern Teilen abhängen. Das ist die Wirklichkeit; aber das ist nicht die Art und Weise, wie uns diese Objekte erscheinen, denn wir erfassen diese Objekte als *ein* Ding, als *ein* festes unabhängiges Stück.

Wenn wir versuchen, ein Objekt zu teilen, um die kleinsten Teile zu finden, werden wir auf äußerst winzige Dinge stoßen. Und wenn wir von einem so kleinen Teil, einem Atom sprechen oder an so etwas denken, dann erscheint uns dieses Atom auch wieder als ein sehr harter, fester, stabiler Kern, als ein festes Teil. Aber selbst diese kleinen Teile sind nicht so stabil, wie sie uns erscheinen.

So bestehen alle Dinge, die wir sehen, in Wirklichkeit aus lauter kleinen Teilen, die voneinander abhängen; und die Dinge selbst hängen von diesen Teilen, von ihren Unterteilen usw. ab. Es sind lauter Erscheinungen in ständiger Abhängigkeit von verschiedenen anderen Teilen. Und die Dinge hängen von ihren eigenen Ursachen ab, die Ursachen wiederum hängen von ihren Umständen ab. Und nichts existiert so fest und unabhängig, wie es uns auf den ersten Blick erscheinen mag.

Sie denken wahrscheinlich, ja, das wird wohl so sein, denn es ist leicht zu verstehen; wenn Sie ein Objekt, *ein* Stück in der Hand haben und es zerteilen und dann die Teile wieder zerteilen, dann bleiben lauter kleine, winzige Teilchen übrig.

Was ich eben beschrieben habe, kann man vielleicht als das *grobe abhängige Bestehen* bezeichnen. Die Dinge bestehen noch in einer weiteren abhängigen Weise, die als die *subtile abhängige Bestehensart* bezeichnet wird. Diese ist im Moment für uns etwas schwierig zu verstehen.

Dieses abhängige Bestehen trifft auch auf die Zeit zu. Wenn wir an ein Jahr denken, dann erscheint es uns als etwas Langes, etwas Eigenmächtiges, als ein großes langes Stück, das da in der Luft hängt, als etwas, das von gar nichts abhängt, das einfach irgendwie selbständig besteht.

Nun, in Wirklichkeit besteht dieses Jahr aus seinen zwölf Monaten; würde man einen dieser Monate wegnehmen, dann wäre es auch nichts mehr mit dem Jahr. Und der Monat selbst, der vielleicht als etwas Langes erscheint, hängt wiederum von seinen Tagen ab, er besteht nur in Abhängigkeit von seinen Tagen. Ein Tag, der vielleicht wieder als etwas recht Langes erscheint, besteht nur in Abhängigkeit von Stunden; und die Stunden von den Minuten. Und so ist das ganze Jahr abhängig von äußerst kurzen Zeitmomenten.

Sei es die Zeit oder seien es äußere Objekte, alle existieren nur in Abhängigkeit von unendlich vielen Teilen oder Umständen, die zu ihrem Bestehen führen. Und obwohl das so ist - wenn *wir* sie ansehen, so auf den ersten Blick hin, und nicht genau nachdenken, erscheinen sie als etwas sehr Selbstbeständiges, Unabhängiges, als *ein* Stück, das einfach so dortsteht und von gar nichts abhängt und da eben als etwas sehr Festes, Konkretes existiert. Überlegen wir uns das nicht genau, dann denken wir einfach, ja, das wird wohl so existieren, wie ich es sehe, wie es mir erscheint.

Ich sprach zuvor vom Nichterkennen der *tatsächlichen* äußeren Wirklichkeit. Das ist *eine* Art dieses Nichterkennens, das *grobe* Nichterkennen; es gibt noch wesentlich tiefere und subtilere Arten des Nichterkennens. Denken wir über die *inneren* Phänomene oder über uns selbst nach: Wir sagen, ich gehe heute zum Unterricht und ich gehe in die Schule, ich gehe dorthin und dahin, ich tue das und jenes.

Dauernd denken oder sprechen wir von jemandem *Ich,* und dieses Ich ist eines dieser inneren Phänomene, die existieren.

Selbst wenn die Probleme so groß werden, daß man schon fast am Heulen ist, erscheint einem immer noch ein Ich oder hat man das Gefühl, da ist jemand Ich, *ich* fühle mich schlecht, *ich* habe das und jenes nicht, und dieses Ich scheint ganz konkret vorhanden zu sein. Und wenn wir sehr große Schwierigkeiten erfahren, sagen wir, mir geht es so schlecht, ich würde lieber sterben, ich würde lieber ..., ich würde lieber ...; es erscheint ein sehr, sehr starkes und mächtiges Ich, sobald wir an uns oder einfach an Ich denken.

Auch wenn man zum Beispiel Fußball spielt und dabei gewonnen hat, denkt man, ha, *ich* habe gewonnen, und wenn einen dann alle umarmen und beglückwünschen, erscheint dieses Ich als etwas sehr, sehr Starkes und sehr Bedeutendes.

Wenn es einem gut geht und man denkt, ach, mir geht's gut, oder wenn es einem schlecht geht und man sagt, oje, geht's mir schlecht, sollte man selbst überlegen: Wie erscheint mir dieses Ich? Wie erfasse ich dieses Ich? Man kann dann selbst beobachten, ob es stark oder schwach ist und wie stark oder schwach es ist.

Wenn man Glück oder Leid erfährt, dann erscheint dieses Ich besonders stark, besonders deutlich. Wenn kein besonderes Glück oder kein besonderes

Leid erfahren wird, wenn man in einem eher neutralen Zustand ist, dann ist dieses Ich wesentlich schwächer, es ist nicht so deutlich, nicht so leicht zu erfassen.

Das können Sie bei sich selbst feststellen.

Ich möchte mich als Beispiel nehmen. Wenn es mir gut geht oder schlecht geht, dann denke ich, ah, ich, Geshe Rabten, mir geht es so oder so. Dieser Geshe Rabten erscheint mir oder ich sehe ihn als etwas sehr Konkretes. Ich habe *mich* als Beispiel genommen, aber Sie sollten *sich* als Beispiel nehmen.

Nun muß man sich fragen, ob zum Beispiel eben dieser Geshe Rabten, der dieses Ich, diesen Geshe Rabten erfährt, tatsächlich so stark, so konkret existiert, wie er ihn erfaßt, wenn es ihm gut oder schlecht geht.

Falls dieser Geshe Rabten so existiert, wie er ihm erscheint, dann muß man sich sagen: Untersuchen wir einmal genau, wie er existiert; schauen wir einmal genau nach, wie er ist und wo er ist; zuerst im Körper, bei der Haut; ist die Haut Geshe Rabten? Die Haut ist nicht Geshe Rabten. Ist sein Skelett Geshe Rabten? Ist das Fleisch Geshe Rabten? Sie alle sind nicht Geshe Rabten, denn die Haut, das Fleisch und das Skelett sind keine Personen, und Geshe Rabten ist eine Person; also können diese nicht Geshe Rabten sein.

Wenn Sie hier heraufschauen und sagen, ich sehe Geshe Rabten, dann muß man Ihnen recht geben, und Sie müssen das auch als richtig anerkennen; Sie *sehen* Geshe Rabten, das müssen Sie zugeben. Nun, was Sie sehen, ist allerdings nur der Körper von Geshe Rabten, denn dieses Gebilde aus Fleisch usw. ist nicht die Person, es ist lediglich Geshe Rabtens Körper.

Ein anderes Beispiel: Manche von Ihnen sind im Auto gekommen, manche mit dem Fahrrad, manche mit der Straßenbahn, und manche sind gelaufen; der Körper, der sich da in dem Auto bewegt hat oder der da gelaufen ist, das sind nicht Sie gewesen, das war lediglich Ihr Körper.

Mein Körper, das bin nicht ich. Nun denken Sie vielleicht: Ist mein Geist Ich oder ist Geshe Rabtens Geist Geshe Rabten? Aber auch das ist nicht wahr; denn der Geist ist lediglich der *Geist* dieser Person, aber nicht die Person selbst.

Wenn nun also Ihr Körper nicht Ihre Person war und der Geist nicht die Person war und außerhalb des Körpers und des Geistes die Person auch nicht zu finden ist, dann ist dieses Ich oder diese Person, die zuerst so stark und klar erschien, einfach nicht zu finden.

Ich möchte nicht einfach sagen, das und das gibt es nicht, sondern ich ermutige Sie, wirklich nachzudenken und zu schauen, wie es tatsächlich ist.

Wenn man sieht, daß der eigene Körper nicht die eigene Person ist, sondern nur der Körper der Person, daß der Geist der Person nicht die Person selbst ist, sondern nur der Geist der Person, und wenn man sieht, daß auch separat von dem Körper der Person und dem Geist der Person die Person nicht zu finden ist, keine Person existiert, dann fragt man sich vielleicht: Dann gibt's mich also überhaupt nicht?

Aber da müssen Sie sich keine Sorgen machen, Sie existieren; denn nur dadurch, daß Sie sich bemüht haben hierherzukommen, sitzen Sie jetzt da; nur weil Sie existieren, konnten Sie sich bemühen hierherzukommen und können Sie jetzt zuhören.

Der, der denkt, also mich gibt es nicht, dieser Denkende, das ist die Person selbst. Das, was denkt, das ist die Person selbst.

Der Körper der Person war nicht die Person, der Geist der Person war nicht die Person. Nun, wo ist die Person, was ist die Person? Auf der Grundlage des Körpers und des Geistes und auf der Grundlage eines Bewußtseins, das diese Person erfaßt, wird das Ganze eine Person genannt.

Diese Person existiert in Abhängigkeit von ihrem Körper, von ihrem Bewußtsein und von dem Bewußtsein, das diese Person erfaßt. Und diese Person ist dasjenige, was heilsame Dinge tut, was unheilsame Dinge tut, was die heilsamen Wirkungen der heilsamen Taten und das Gegenteil erfährt. Dieses abhängige Bestehen der Person kann man nicht leicht klar verstehen, ohne daß man die Leerheit oder Shunyata erkannt hat.

Dieses Ich, das ich zuvor beschrieben habe, das so stark und konkret erscheint, wenn man sich wohl fühlt oder wenn man Leid erfährt, dieses Ich existiert nicht. Wenn im Buddhismus von einer Ichlosigkeit gesprochen wird, dann ist dieses Ich gemeint. Deswegen wird im Buddhismus einerseits gesagt, es gibt *kein* Ich.

Andererseits wird im Buddhismus auch ein Ich beschrieben, das existiert. Man sagt, es gibt die Person, es existiert ein Ich, es existiert das Selbst. Wenn von dem Ich gesprochen wird, das existiert, dann ist das Ich gemeint, das in Abhängigkeit vom Körper der Person, vom Geist der Person und vom Bewußtsein, das diese erfaßt, existiert; also ein Ich, das in Abhängigkeit existiert, das als Benennung auf dieser Basis, auf der Grundlage dieses Körpers und Geistes, existiert; ein abhängiges, nicht selbstbeständiges Ich; das wird als existent beschrieben.

Es ist sehr wichtig, daß man diese zwei unterscheiden kann und diesen Unterschied auch versteht. Wenn man diesen Unterschied nicht erkennt, nimmt man vielleicht an, es gebe kein Ich; es gebe keine Person, die Ursachen ansammelt und Resultate erfährt; es gebe keinen, der wieder Existenz, ein neues Leben nimmt; die Gefahr besteht, daß einem solche Gedanken kommen. Andererseits denkt man vielleicht, daß dieses Ich, das von gar nichts abhängt, das selbstbeständig ist, ganz von seiner eigenen Seite her tatsächlich existiert, als etwas sehr Konkretes und Beständiges.

Ich sprach zuvor von der Situation, wo es einem vielleicht sehr schlecht geht und man denkt, ah, mir geht es schlecht, mir tut das weh; wo einem dieses Mir oder Ich sehr, sehr deutlich, sehr, sehr klar erscheint. Zu diesem Zeitpunkt erfaßt das eigene Bewußtsein dieses starke selbstbeständige oder unabhängige Ich. Und dieses *Bewußtsein,* das dieses unabhängige Ich erfaßt, als existent annimmt, wird Unwissenheit oder Unerkenntnis genannt, und zwar *die Unerkenntnis, die ein selbstbeständiges Ich erfaßt.*

Ich sprach von einer gewissen Unklarheit oder einem Unwissen in bezug auf die inneren Phänomene: diese Unerkenntnis, die ein selbstbeständiges Ich erfaßt, das ist diese Unerkenntnis in bezug auf die inneren Phänomene.

Dieses Bewußtsein, das ein so selbstbeständiges, festes Ich erfaßt, *projiziert* gewissermaßen dieses Ich und denkt dann, es existiere. Man erfaßt dieses Ich, und man klammert sich an dieses Ich, und dann braucht *man* oder braucht dieses Ich sehr, sehr viele Dinge. Man hängt an den Dingen, und es steigt Verlangen nach anderen Dingen auf. Und alles, was irgendwie im Weg steht, diese Dinge zu bekommen, verursacht, daß man sich ärgert, daß man eifersüchtig wird.

So projiziert man zuerst ein Ich, wie es nicht existiert, und hängt daran. Und dann sagt man, dieses *Ich* braucht das und das, und es entsteht starkes Verlangen nach vielen Dingen, die einem angenehm erscheinen, die man möchte. Und da sind auch viele andere Dinge, die man *nicht* möchte, die man vermeiden will, und es entstehen Abneigung, Ärger und

Haß gegenüber *diesen* Dingen, und es entsteht auch Eifersucht. Alles dadurch, daß man zuerst ein Ich projiziert, das *nicht* existiert, und dann an diesem Ich hängt. Daraus entstehen alle diese verschiedenen Zustände des Bewußtseins.

Nun, diese Zustände, diese Faktoren des Geistes wie das Verlangen oder der Haß oder die Eifersucht wühlen das eigene Bewußtsein auf und bringen es ganz durcheinander, und in diesem aufgewühlten Zustand macht man sehr viel Falsches, sehr viel Inkorrektes. Und wenn dieser aufgewühlte Zustand des Bewußtseins stärker und stärker wird, dann wird sich das auch durch die Sprache äußern, und man wird sehr viele rauhe und boshafte und wüste Dinge sagen. Wenn dieser Zustand dann noch stärker wird, bleibt es nicht mehr beim Sprechen, sondern es wird auch der Körper entsprechende Handlungen durchführen.

Sie sollten nicht einfach vertrauen auf das, was ich sage, Sie sollten selbst nachdenken. Beobachten Sie selbst, was in Ihnen passiert, wenn Sie sich ärgern. Wie verändert sich Ihr Denken, Ihr Fühlen? Was geschieht, wenn Ihr Ärger stärker wird, was sagen Sie? Und wenn Sie unter dem Einfluß dieses Ärgers etwas tun, was tun Sie und wie tun Sie es? Schauen Sie selbst nach!

Wenn wir in einem so aufgewühlten Zustand Dinge tun, Sachen sagen, dann hinterläßt jede Handlung, jedes Wort in uns einen gewissen Eindruck, ein gewisses Potential, das uns in Zukunft Leid bringt.

Diese früher angesammelten negativen Potentiale geben ihre Frucht, sie reifen in Leid, in unangenehmen Erfahrungen. In diesen unangenehmen Erfahrungen wird das eigene Bewußtsein *weiter* durcheinandergebracht, man tut *wieder* negative Dinge, man setzt weitere negative Potentiale, die als ihr Resultat wieder Leid und Unbehagen bringen; es scheint wie ein endloser Kreis zu sein, den man selbst verursacht.

Angefangen hat das alles damit, daß man ein Ich projiziert, wie es nicht existiert, und glaubt, es existiere, und daß man auf Grund dieses Hängens an diesem Ich alle möglichen falschen Dinge getan hat. Dieses Bewußtsein, das ein projiziertes, nicht existentes Ich erfaßt, wird die *Unerkenntnis, die ein selbstbeständiges Ich erfaßt,* genannt; auf tibetisch ist das kürzer, auf deutsch ist das leider schrecklich lang.

Dieses Bewußtsein, das ein selbstbeständiges Ich erfaßt, das wäre das Loch im Dach, das ich in dem Beispiel erwähnt habe.

Wenn man dieses Bewußtsein, das ein selbstbeständiges Ich erfaßt, beseitigen könnte, dann wäre das, wie wenn man einen Baum mit seinen Wurzeln ausrisse; dann würde der Baum vertrocknen, die Blätter würden vertrocknen, alles würde von selbst kommen. In gleicher Weise würden alle diese Verblendungen des Geistes wie Haß und Ärger und Verlangen und Eifersucht ganz von selbst versiegen. Und damit würden auch die Situationen ein Ende nehmen, in denen man unter dem Einfluß eines aufgewühlten Bewußtseins Dinge tut, die in einem ein

Potential hinterlassen, das als seine Frucht Leid bringt. So könnte man alle Probleme, alles Leid zum Versiegen bringen.

Dieses Bewußtsein, das ein solches selbstbeständiges Ich erfaßt, ist nicht so leicht loszuwerden, man kann es nicht einfach wie einen Hund, wenn man ihn nicht im Haus haben will, zur Türe hinauswerfen, und man kann sich auch nicht einfach verprügeln, bis es einem zum Hals herausfällt.

Dieses Bewußtsein ist auch wieder ein Zustand, ein Teil des eigenen Geistes, und so muß man durch eigenes Denken, durch eigenes Führen der Gedanken, des Bewußtseins, diesen Faktor, der ein selbstbeständiges Ich erfaßt, zum Stillstand bringen. Um dieses Bewußtsein zum Stillstand zu bringen, muß man erkennen, daß das von diesem Bewußtsein erfaßte Objekt, dieses Ich, das als etwas ganz Selbstbeständiges, als ein von seiner Seite her bestehendes starkes Ich erscheint, *nicht* existiert. Das muß man verstehen, das muß einem sehr deutlich werden. Wenn einem das durch Nachdenken, durch genaueres Untersuchen gelingt, dann wird das Bewußtsein, das an diesem Ich hängt, von selbst weggehen, sobald es merkt, daß das Objekt, an dem es hing, einfach nicht existiert.

Sie sehen zum Beispiel ganz klar, daß hier vorn keine Katze ist. Wenn ein Teil des Bewußtseins ganz klar sieht, daß da vorn *keine* Katze ist, dann wird ein Gedanke, da vorne *ist* eine Katze, von selbst weggehen.

Es gibt sehr viele, fast unzählige Methoden und Mittel, um dies Durcheinander im eigenen Geist und diese Verblendungen des eigenen Geistes wie Verlangen, Haß, Eifersucht, Stolz zu beschwichtigen, um sie ruhiger zu machen.

Wenden wir diesen Gedankengang, wie ich ihn beschrieben habe, auf folgendes Beispiel an: Jemand erfährt sehr großes Leid, es geht ihm sehr schlecht, er ist sehr krank, und er denkt, ach, geht es *mir* schlecht, bin *ich* krank, und er ist ganz verwickelt in seinen Gedanken. Würde diese Person einmal untersuchen: Wer bin ich? Von hier nach oben, bin *das* ich? Oder bin dieser Teil ich? oder dieser Teil? oder der darunter? Bin *das* ich? Oder ist das alles zusammen Ich? Wo ist dieses Ich? Wenn die Person diese Gedanken richtig denken kann und ihr dadurch klar wird, daß dieses Ich, das ihr so deutlich erschien, nirgends zu finden ist, dann wird sich dieser Aufruhr in ihrem eigenen Geist beruhigen.

Sie nehmen sich vor, wenn Sie sich über jemanden sehr ärgern, ihm nicht gleich die Augen auszukratzen, sondern ein bißchen nachzudenken. Nehmen wir an, Sie ärgern sich über Georg; dann fragen Sie: Wer ist dieser Georg, über den ich mich so ärgere? Ist dieser Kopf dort Georg, ist diese Hand dort Georg, sind diese Beine dort Georg? Wer ist dieser Georg? Ist er alles zusammen? Ist es ein Teil von ihm? Denken Sie so genau nach, dann wird dieser Georg, der Ihnen zuerst so unausstehlich erschien, plötzlich nicht mehr da sein. Und damit wird auch der Ärger über diesen Georg sich beschwichtigen lassen. Wenn man so denken kann, ist das ein sehr gutes Mittel, um Verblendungen des Geistes zu beruhigen.

Wir ärgern uns, wir kommen aus der Fassung, das passiert uns. Und in *diesem* Moment müssen wir diese Gedankengänge anwenden. Einfach dazusitzen und zu sagen, das tue ich, wenn ich dann sehr weit fortgeschritten bin, nützt nichts; *jetzt* ist der Moment, um sie wirklich anzuwenden. Man muß nicht warten, bis man sehr, sehr hohe Stufen erreicht hat.

Wenn Sie krank sind, müssen Sie die Medizin *dann* nehmen, *wenn* Sie krank sind. Wenn Sie einfach warten und sagen, ich werde die Medizin schlucken, sobald ich eine sehr, sehr hohe Entwicklungsstufe erreicht habe, und in der Zwischenzeit eben krank bleiben, dann nützt Ihnen die Medizin gar nichts. Und das ist ähnlich mit diesen Gedankengängen.

Die *Wurzel* des Leides, das wir erfahren, ist diese Unerkenntnis, die dieses selbstbeständige Ich erfaßt. Aber ein weiterer Zustand, der uns zum gegenwärtigen Zeitpunkt sehr viel zu schaffen macht, ist unsere Unkonzentriertheit, unser sehr, sehr abgelenkter Geist. Den unkontrollierten Gedanken kann man sich nicht einfach entgegenstellen, man kann sie nicht einfach zurückstoßen oder sie mit Gewalt entfernen.

Wenn es uns *nicht* schlecht geht, wenn wir keine besonderen Schwierigkeiten und Probleme erfahren, dann müssen wir Mittel erlernen und anwenden, um diese unkontrollierten Gedanken unter Kontrolle zu bringen.

Taucht zum Beispiel unter diesen unkontrollierten Gedanken Ärger oder so etwas auf, dann versuchen Sie einmal nicht, ihm zu folgen oder ihn zu unterdrücken, sondern schauen Sie ihn an, schauen Sie, was er tut; beobachten Sie ihn einfach: woher kommt er, wie sieht er aus, was macht er, wohin geht er? Und wenn Sie versuchen, diesen Gedanken einfach zu beobachten, werden Sie feststellen, daß er sich auflöst, wie sich eine Wolke im Himmel auflöst.

Sie können das selbst untersuchen. Heute abend schauen Sie einmal in sich selbst; wenn irgendwelche unkontrollierten Gedanken auftauchen, beobachten Sie sie und schauen Sie selbst, ob sie verschwinden oder nicht. Sehen Sie aber nicht gut nach, dann ist es möglich, daß es mehr werden.

Das beste Mittel jedoch, um mit diesen unkontrollierten Gedanken fertig zu werden, ist das zuvor beschriebene, nämlich daß Sie untersuchen, wie dieses Ich, wie die eigene Person existiert. Überlegen Sie: Ist dieser Körper Ich, ist dieser Geist Ich? Und Sie werden sehen, daß der Körper nicht Ich ist, daß der Geist nicht Ich ist. Existiert ein Ich separat vom Körper und vom Geist? Untersuchen Sie es, und Sie werden feststellen, daß separat von diesem Körper und von diesem Geist *kein* Ich existiert.

Und wenn dieses *Nichtvorhandensein* dieses Ichs deutlich geworden ist, dann sollten Sie Ihr Denken auf dieses Nichtvorhandensein richten und darauf lassen. Können Sie in diesem Zustand Ihr Denken festhalten, ist das die allerbeste Methode, um diese unkontrollierten Gedanken zu beseitigen, um ihrer Herr zu werden. Es ist eine Meditation über das Nichtvorhandensein des Ichs, und zwar die Meditation über das grobe Nichtvorhandensein des Ichs.

Über das subtile Nichtvorhandensein des Ichs nachzudenken oder zu meditieren ist etwas schwieriger, aber die Meditation über das *grobe* Nichtvorhandensein des Ichs ist gewissermaßen schon der Weg zur Meditation über das subtile Nichtvorhandensein des Ichs.

Wenn man diese Meditation macht und in diesem Zustand verharren kann, dann bestehen zu diesem Zeitpunkt keine Verblendungen des Geistes, keine unkontrollierten Gedanken, und das verursacht ein sehr ruhiges, zufriedenes und glückliches Gefühl in einem.

Dieses Nichtvorhandensein des Ichs, diese Leerheit des Ichs möchte ich mit der Glocke vergleichen. Wenn die Glocken läuten, wie Sie es vor dem Unterricht lange anhören konnten, dann fragen Sie sich einmal: Ist der *Klang* der Glocke die Glocke selbst? Kommt der Klang der Glocke zustande durch die *Höhlung* der Glocke? Kommt der Klang der Glocke zustande durch den *Klöppel* der Glocke? Sie müssen jedesmal nein sagen. Der Klang der Glocke kommt nicht zustande allein durch den Mantel der Glocke, nicht durch den Hohlraum innen und nicht allein durch den Klöppel; sondern durch ein abhängiges Zusammenwirken aller drei kommt er ins Bestehen, können Sie den Klang der Glocke hören.

Genauso ist dieses Ich, diese Person nicht ein Teil des Geistes, sie ist nicht ein Teil des Körpers, sie ist nicht etwas separat von den beiden, sondern sie ist etwas, das durch das *abhängige miteinander Bestehen* dieser Teile existiert. Sie ist nicht etwas, was *nicht* existieren kann, sondern sie existiert *in* Abhängigkeit oder abhängig von diesen Teilen.

Deshalb wird im Buddhismus gesagt, daß die Glocke oder der Klang der Glocke die Leerheit symbolisiert.

Wollte man alles sagen, was es zu sagen gibt, dann gäbe es kein Ende. Deshalb ist es besser, aufzuhören für heute abend. Wenn Sie über das Nichtvorhandensein eines selbstbeständigen Ichs meditieren wollen und können, versuchen Sie *darüber* nachzudenken. Ist Ihnen das zu schwierig, dann überlegen Sie: Woher kommt Leid? Was führt zu Leid? Und was ist notwendig, um Leid wirklich von seiner Wurzel her loszuwerden? Überlegen Sie sich diese Dinge.

Diese Zimbeln anzuschlagen hat auch eine gewisse Bedeutung. Sie symbolisieren die Konzentration.

Wenn Sie keine Fragen haben, macht das auch nichts. Ich ermutige Sie, über das Ich und über das Bewußtsein, das ein solches Ich erfaßt, nachzudenken; dieses Nachdenken allein hilft sehr, um Leid und inneres Durcheinander zu beruhigen und um Leid etwas zu vermeiden.

Es gibt immer wieder Leute, die sich fragen: Was ist der Sinn des Lebens? Jetzt lebe ich dieses Menschenleben, aber welchen Sinn hat es?

Das Leben *hat* einen Sinn, wenn man es sinnvoll macht. Der eigene Körper, die eigene Sprache und der eigene Geist gehören einem selbst. Und indem man diese anwendet, sollte man auf zwei Ziele hinarbeiten, zwei Dinge erreichen.

Die *eine* Arbeit, die man ausführen sollte, ist, zu versuchen, sämtliche Gedanken zu beschwichtigen, die darauf gerichtet sind, andere zu verletzen, andern Leid zuzufügen; und entsprechend auch zu versuchen, sämtliche bösen Worte, Worte, die andere verletzen, zu vermeiden; und alle körperlichen Handlungen, die andern Leid zufügen, zu stoppen.

Die *zweite* Aufgabe ist, daß man versucht, eine Liebe, eine Zuneigung zu den andern zu kultivieren, ein Ertragen aller Umstände und einen ernsthaften Wunsch, andern von Nutzen zu sein, andern zu helfen; daß man diese Einstellungen, diese *geistigen* Zustände zu entwickeln und stärker zu machen versucht. Das gleiche trifft auf die *Sprache* zu. Man sollte versuchen, zu den andern Dinge zu sagen, die ihnen helfen, ihre Schwierigkeiten zu überwinden, die sie zufrieden und fröhlich machen. Auch mit seinen *körperlichen* Handlungen, mit den Fähigkeiten seines Körpers sollte man versuchen, den andern möglichst zu helfen, ihnen eine echte Stütze zu sein.

Man sollte also nicht nur versuchen, andere nicht zu verletzen, andern kein Leid zuzufügen, sondern dazuhin auch eine Zuneigung zu ihnen zu entwickeln und ihnen zu helfen.

Selbst wenn man im gegenwärtigen Moment nicht die Fähigkeit hat, vielen andern von Nutzen zu sein, sollte man doch versuchen, das eigene Denken möglichst herzlich zu machen, möglichst freundlich und voll Zuneigung zu den andern, eine möglichst gütige Einstellung zu entwickeln. Und alle Bosheit und jeden Wunsch, andere zu verletzen, sollte man versuchen zu verringern und zu beseitigen.

Wenn es einem tatsächlich gelingt, eine solche Einstellung zu entwickeln, dann ist das Leben zum gegenwärtigen Zeitpunkt angenehm und fröhlich, und auch auf die lange Dauer gesehen wird man ein glückliches Leben in einem angenehmen Zustand und in einer angenehmen Umgebung leben können. Tut man das, gelingt einem das, dann ist das Leben wirklich lebenswert gewesen.

Die großen Religionsstifter, sei es Jesus, sei es Buddha, sie sagten alle immer wieder, man solle den *andern* helfen, den *andern* nützen, man solle die Wünsche der andern *vor* seine eigenen stellen, man solle die andern *nicht* verletzen, ihnen kein Leid zufügen. Wenn wir uns dementsprechend benehmen und leben können, dann ist das Leben wirklich lebenswert.

Denkt man immer nur an sich, dann ist das nicht sehr angenehm; denn alles das, was man für sich möchte, was man für sich erreichen möchte, wird man bis zu seinem Lebensende nicht erreichen; und die Probleme werden durch eine solche Einstellung nur immer größer. Und so ist dann das Leben in keiner Weise fröhlich und angenehm gewesen.

Darum bitte ich Sie, entsprechend Ihrem Vermögen andern zu helfen, andern von Nutzen zu sein, und ich hoffe, Sie bald wieder zu sehen.

DIE NATUR DES BUDDHA

Die meisten von Ihnen haben Unterweisungen über den Buddha gehört und auch über die verschiedenen Erscheinungen und Körper des Buddha. Sie haben davon gehört, daß es der Mühe wert ist, Dharma anzuwenden, und daß man durch die Anwendung von Dharma den Zustand der Buddhaschaft erreichen kann. Wie dieser Prozeß jedoch tatsächlich vollzogen wird und was die eigentliche Natur des Buddha oder der Körper des Buddha ist, das ist den wenigsten wirklich deutlich.

Manche Leute sprechen davon, daß sie sich der einen Erscheinung der Buddhas sehr zugeneigt fühlen, während sie andere wieder nicht so sehr mögen. Das ist ein Zeichen dafür, daß ihnen die eigentliche Natur des Buddha nicht deutlich ist. Deshalb möchte ich eine kurze Erklärung über die Anwendung des Dharma und über die Natur des Zieles, d.h. über die Körper des Buddha geben.

Durch verschiedene zusammentreffende Umstände kann es vorkommen, daß in jemandem ein Interesse für Dharma entsteht. Dies ist die Basis für alle Eigenschaften, die dann durch die Anwendung von Dharma im Laufe der Zeit erreicht werden.

Dieser Wunsch, Religion oder Dharma auszuüben, kann dazu führen, daß die einen sich mit dem Christentum beschäftigen, die anderen mit dem

Hinduismus, andere mit dem Buddhismus oder mit was immer für einer Religion. Nachdem in jemandem der Wunsch aufgetreten ist, sich mit Dharma zu beschäftigen, hängt es einesteils von den früheren Eindrücken, andernteils auch von den Umständen in der unmittelbaren Umgebung der Person ab, in welcher Richtung sich dieses Interesse entwickeln wird. Daher wenden sich verschiedene Leute ganz unterschiedlichen Arten von Dharma zu.

Man hat völlige Freiheit, sich mit Religion zu befassen oder nicht. Tut man es, ist das sicher ein Vorteil. Denn betrachtet man die Auswirkungen einer Anwendung von Dharma auf die *weitere Zukunft,* dann erkennt man, daß nur die Beschäftigung mit dem Dharma einen wirklich positiven Effekt erzeugen kann.

Und betrachtet man die Auswirkungen der Beschäftigung mit dem Dharma in nur *diesem Leben,* dann kann man ebenfalls erkennen, daß das Streben des Menschen darauf gerichtet ist, sein Unbehagen, sein Leid irgendwie zu überwinden. Und zwar ist das geistige Leid, das er erfährt, wesentlich dominierender als das körperliche. Die Beschäftigung mit Dharma erlaubt es dem Menschen, dieses geistige Leid zu überwinden und Ausgeglichenheit, Entspanntheit und Fröhlichkeit zu erlangen.

Man betrachtet es als etwas sehr Wichtiges, Traurigkeit und Unbehagen zu beseitigen; und es gibt sehr wenig Möglichkeiten, ein solches Ziel zu erreichen.

Der einzige Weg, eine Fröhlichkeit und ein Wohlbehagen, die dauerhaft sind, hervorzubringen, ist geistige Anstrengung, ist die Anwendung von Dharma. Andere Mittel führen nur zu vorübergehenden Erleichterungen oder zu zeitweiliger Freude.

Zuerst muß man verstehen, wie Dharma richtig ausgeübt wird, und dann kann man es in seinen Gedanken, in seinen Überlegungen anwenden, Erfahrung damit sammeln und die Richtigkeit der Unterweisungen selbst erkennen. Wenn man sich jedoch nicht für Dharma interessiert oder in der Anwendung Fehler macht, dann können selbstverständlich keine solchen Resultate erzielt werden.

Nun möchte ich in bezug auf den Buddhismus die Entwicklung zeigen, die jemand durchläuft, wenn er Dharma ernsthaft anwendet.

Zuerst muß man die Natur des eigenen Geistes betrachten und erkennen, daß er von einer Existenz zur andern geht und daß die jetzige Existenz nur ein ganz kurzer Zeitabschnitt ist im Vergleich zu dem, was davor und danach ist. Von diesem kurzen Zeitabschnitt, den dieses Leben darstellt, hat man zudem einen Großteil schon verbraucht. Dies läßt erkennen, wie wichtig es ist, daß man sich bemüht, auch Vorbereitungen zu treffen, die dann in der Zeit nach dieser Existenz eine nützliche Auswirkung haben.

Man richtet seine Bemühungen daher auf zwei Ziele: Einerseits den Unterhalt dieses Lebens zu sichern und andererseits Vorbereitungen zu treffen, die einem in der Zeit nach dieser Existenz von Nutzen sein werden.

Was dieses Leben betrifft, muß nicht viel gesagt werden; es ist uns allen deutlich, was dieses Leben ist und was es beinhaltet.

Und fragt man sich, was auf einen in der Zukunft, nach dieser Existenz wartet, dann gibt es zwei Möglichkeiten; entweder man existiert in einer Art und Weise, in der Leid stärker ist als eventuelles Glück, oder in einer, in der die angenehmen Erfahrungen und das Wohlbehagen das Unbehagen übertönen. So gibt es nur die beiden Möglichkeiten, daß man entweder in angenehmem Dasein weiterexistiert oder in unangenehmem.

Betrachtet man seine innersten Wünsche, dann kann man sehr leicht erkennen, daß man eigentlich nach Angenehmem strebt, daß einem Angenehmes wesentlich lieber ist als Unangenehmes. Man möchte daher sicher auch in der Zukunft eher in angenehmem Dasein weiterexistieren als umgekehrt.

Was führt nun dazu, daß man entweder in angenehmem oder in unangenehmem Dasein existiert? Diese Existenzen werden von spezifischen Ursachen hervorgerufen. Heilsame Eindrücke sind die Ursache für angenehme Existenz, unheilsame Handlungen sind die Ursache für Existenzen in elendem Dasein.

Wenn es einem gelingt, die negativen Eindrücke vollständig zu beseitigen, dann hat man die Ursache für Existenz in elendem Dasein ebenfalls beseitigt, und es ist unmöglich, in Leid weiterzuexistieren.

Ebenso führen heilsame Handlungen zu Existenzen in angenehmem Dasein. Sie sind die Ursache für ein Leben in angenehmer Umgebung, von angenehmer Natur.

Das Gesetz von Ursache und Wirkung trifft genauso zu in bezug auf Existenzen in elendem Dasein. Die negativen Eindrücke oder die Resultate negativer Handlungen, die ein elendes Dasein produzieren, sind nicht irgend etwas, das draußen im Garten liegt, sondern etwas, das im eigenen Geisteskontinuum existiert. Und diese Eindrücke gilt es zu beseitigen. Ebenso sind die heilsamen Potentiale, die positive oder angenehme Existenzen hervorrufen, nicht etwas, das man bestellen und dann als Ware in sein Haus bringen kann, sondern es sind Dinge, die man selbst erwirken muß.

Das ist sehr leicht zu verstehen. Wenn Sie eine Bohne haben und sie in fruchtbare Erde pflanzen, dann werden aus dieser Bohne immer nur wieder Bohnen wachsen, und ebenso aus einem Getreidekorn immer nur wieder Getreide. Die Bohne produziert kein Getreide, und das Getreide wird nie eine Bohne hervorbringen. Ähnlich werden heilsame Eindrücke immer Angenehmes produzieren, und unheilsame Eindrücke immer Unangenehmes.

Man hat im gegenwärtigen Moment die körperlichen, sprachlichen und geistigen Fähigkeiten, um negative Eindrücke zu beseitigen und heilsame anzusammeln. Deshalb sollte man sich dessen auch bewußt werden und nicht bis zum Ende des Lebens warten, wo man diese Fähigkeiten verliert.

Man kann dann im Laufe der Zeit durch Überlegungen zu einer Einstellung gelangen, daß einem die weitere Zukunft jenseits dieses Lebens wichtiger ist als dieses Leben selbst; daß man das Gefühl hat, ja, dieses Leben mag sein, wie es will, es ist nicht das ein und alles; was in der weiteren Zukunft auf mich wartet, was dafür getan werden kann, ist wesentlich bedeutender. Wenn eine solche Einstellung gefunden worden ist und die eigenen Handlungen bestimmt, wird von der Einstellung der Person kleiner Fähigkeit gesprochen.

In den Erklärungen über die Stufen der Entwicklung zur Erleuchtung wird immer wieder von diesen sogenannten drei Personen gesprochen, von der Person mit kleiner, der mit mittlerer und der mit großer Fähigkeit. Die eben erwähnte Einstellung würde der Person mit kleiner Fähigkeit entsprechen. Wenn keine solche Einstellung entwickelt wird und sie einen nicht beherrscht, dann mag noch so viel Religion oder Dharma im Lande sein, selbst ist man nicht eine Person, die irgendeine dieser drei Einstellungen gefunden hat.

Wörtlich heißen diese drei Personen einfach kleine, mittlere und große Person. Das bedeutet nichts Äußerliches, Körperliches, und auch nichts in bezug auf die Stellung irgendeiner Person, sondern bezieht sich lediglich auf die Einstellung des Geistes einer Person.

Wenn von Bereinigung negativer und von Ansammeln heilsamer Eindrücke die Rede ist, dann mag das vielen Leuten als etwas ganz Getrenntes, Verschiedenes erscheinen. Und manche sagen sogar, wenn sie z.B. Vajrasattva-Mantras rezitieren, diene das nur dazu, um negative Eindrücke zu beseitigen, nicht aber um Heilsames anzusammeln. Das ist nicht richtig. Beides geht immer Hand in Hand; ein Ansammeln heilsamer Eindrücke bedeutet ein Vernichten negativer Eindrücke, und Bemühungen, um negative Eindrücke zu bereinigen, sind immer ein Ansammeln heilsamer Eindrücke.

Die Person, die inzwischen zur Einstellung gelangt ist, daß ihr die weitere Existenz über dieses Leben hinaus bedeutender ist als das, was nur in diesem Leben zu erreichen ist, bemüht sich dann einerseits darum, durch verschiedene heilsame Handlungen negative Eindrücke zu beseitigen und dadurch eine zukünftige Existenz in elendem Dasein zu vermeiden, und andererseits darum, heilsame Eindrücke anzusammeln, Heilsames zu tun, um eine Existenz in angenehmem Dasein zu erzeugen.

In dem Maß, in dem diese Person Heilsames ansammelt, in dem das heilsame Pontential in dieser Person weiterentwickelt wird, in dem Maß wird auch das Verständnis oder die Intelligenz dieser Person erweitert.

Nachdem sich diese Entwicklung eine Zeitlang fortgesetzt hat, empfindet die gleiche Person, daß die frühere Einstellung, lediglich elendes Dasein zu vermeiden und angenehmes Dasein zu erreichen, etwas zu gering ist.

Die Person erkennt, daß eine weitere Existenz im Daseinskreislauf, sei es als Mensch oder als Deva, nur begrenztes Wohlergehen mit sich bringt, daß sie ja selbst im gegenwärtigen Moment ein Mensch ist und nicht viel anderes erfährt als Schwierigkeiten und begrenzte Freuden, und daß auch eine Existenz als Deva nicht viel anderes bringt als angenehme Empfindungen, die durch bestimmte Umstände für kurze Zeit hervorgerufen werden.

Indem die Unsicherheit und die Begrenztheit jeglicher angenehmer Existenz im Daseinskreislauf erkannt wird, wird die Einstellung noch etwas erweitert. Was ein menschliches Leben beinhaltet, das können wir alle sehr leicht selbst feststellen; wie viele Schwierigkeiten man mit sich herumwälzt und daß man vor Sorgen und Gedanken fast wie eine Bombe ist, die kurz vor der Zündung steht, das kennt man sicher, wenn man sich selbst betrachtet.

Eine stufenweise Entwicklung der Einstellung und der Überlegungen führt dann zu dem intensiven Wunsch, um jeden Preis eine Loslösung vom Daseinskreislauf zu erfahren, das heißt, keine weiteren Existenzen als Wesen des Daseinskreislaufs mehr annehmen zu müssen.

Wenn Sie z.B. einen wilden Vogel in einen Käfig sperren, dann können Sie den Käfig anmalen, wie Sie wollen, es wird den Vogel nicht besonders freuen.

Das einzige, was ihm wirklich etwas bringt, ist freigelassen zu werden.

Ähnlich erkennt die Person, daß - mag diese Existenz im Daseinskreislauf sein, wie sie will - das einzige, was ihr wirklich etwas bringt, eine Loslösung von diesem Daseinskreislauf ist. Durch ihre Überlegungen kommt sie dann mit der Zeit so weit, daß sie das Wohlbehagen des Daseinskreislaufes als etwas sehr Geringes betrachtet, und das Wohlbehagen der Befreiung, d.h. ein Glück, das unumstößlich ist und das nicht abnimmt, als das eigentliche, erstrebenswerte Ziel erkennt.

Das Maß, das die Einstellung oder der Geist dieser Person erreicht hat, ist das, das mit der Person mittlerer Fähigkeit oder der mittleren Person beschrieben wird.

Wenn jemand zu dieser Person kommt und erzählt, wie gut es irgend jemandem geht, wie wohlhabend er ist und wie außergewöhnlich und glücklich er lebt, dann wird das die Person nicht mehr sehr beeindrucken; sie wird das Gefühl haben, das wird auch so etwas sein, und das Glück der Loslösung vom Daseinskreislauf wiegt wesentlich schwerer im Geist dieser Person.

Auf welchen Weg man sich begibt, sei es den der geringen, der mittleren oder der großen Person, das liegt ganz an einem selbst, an der Einstellung, die man in sich hervorruft.

Was immer man anstrebt, kann jedoch auch nur dadurch erreicht werden, daß man sich einesteils selbst bemüht, selbst anstrengt, sich anderenteils auf den Buddha, den erleuchteten Geist, verläßt, bei ihm seine Hilfe sucht und um seinen Segen bittet. Jede andere Bemühung wird nicht zu großen Resultaten führen.

Durch diese Einstellung werden abermals sehr positive Eindrücke gesammelt, die ein Verstärken der heilsamen Potentiale, des Verdienstes in der Person darstellen. Dies führt wiederum zu einer Intensivierung ihres Verständnisses, ihrer Intelligenz.

Wenn von Eigenliebe oder Egoismus die Rede ist, dann versteht man darunter meistens etwas, das vollständig zu beseitigen ist. Der Wunsch, selbst in der Zukunft nicht in elendes Dasein zu fallen oder eine Loslösung vom Daseinskreislauf zu erlangen, beinhaltet ebenfalls eine gewisse Ichbezogenheit. Das ist jedoch eine Ichbezogenheit, die durchaus nicht zu beseitigen ist. Es gibt verschiedene Arten von Egoismus oder Ichbezogenheit; solche, die nur schädlich sind, die es wirklich nur auszumerzen gilt, und andere, die einen dennoch auf heilsame Wege leiten können.

Durch fortgesetztes Anwenden von Dharma wird die Kraft der heilsamen Potentiale und damit das Verständnis in der Person noch mehr verstärkt werden, was dann mit der Zeit zu einer weiteren Veränderung ihrer Einstellung führt.

Die Person erkennt, daß der frühere Wunsch, selbst von elendem Dasein und von einer Existenz im Daseinskreislauf freizukommen, immer nur auf sie selbst bezogen war, und empfindet das als einen gewissen Fehler. Es kommt ihr der Gedanke, daß, selbst wenn es ihr gelingt, eine Befreiung vom Daseinskreislauf, das Glück dieser Loslösung zu erlangen, es immer noch nur eine Person ist, die dann Angenehmes empfindet; daß es nichts so Besonderes ist, wenn es einer Person gut geht, und daß die anderen wesentlich mehr sind als nur man selbst.

Außerdem erkennt diese Person, daß diese vielen andern zum größten Teil in sehr unangenehmer Weise existieren, in Arten der Existenz, die voll von Leid und Schwierigkeiten sind; betrachtet man nur die Menschen oder die Tiere oder die verschiedenen Bereiche elenden Daseins.

Durch fortgesetzte Überlegungen dieser Art entwickelt die Person mit der Zeit einen Vorzug für den Wunsch, daß es den andern gut gehen möge, daß es allen Wesen, diesen unendlich vielen Wesen, gut gehen möge, so daß der Gedanke, etwas zu tun, das diesen von Nutzen ist, der Person mehr Freude macht als ein Gedanke an eigenes Glück.

Durch eine Gewöhnung an diesen Gedanken, eine Schulung in diesem Wunsch wird dann die Person eines Tages feststellen, daß das, was ihr zur Verfügung steht, ihr eigener Geist, ihre eigene Rede und ihr eigener Körper ist und das bißchen an heilsamen Eindrücken, die in der Vergangenheit angesammelt worden sind. Mit diesen Werkzeugen möchte die Person dann alles unternehmen, um das Wohl der andern zu erwirken, und sie widmet die Verwendung dieser vier Dinge vollständig dem Erreichen dieses Zieles. Wenn eine solche Einstellung den Geist der Person beherrscht, dann ist sie eine sogenannte große Person.

Zuvor bemühte sich die Person, Heilsames zu tun und Verdienste anzusammeln, um für sich selbst gewisse Ziele zu erreichen. Nun ist ihr ganzes Streben darauf gerichtet, etwas zum Wohl der andern zu tun. Die Auswirkungen dieser Bemühungen für das Wohl sämtlicher anderer Wesen sind unvergleichlich stärker als die, die nur auf die Person selbst gerichtet waren.

Durch diese Möglichkeit, intensiv starkes Verdienst anzusammeln, wird auch die Fähigkeit des Geistes dieser Person ganz unvergleichlich erhöht.

So sollte deutlich geworden sein, daß die Unterscheidung zwischen kleiner, mittlerer und großer Person sich nicht auf den Körper oder auf den Stand der Person bezieht, sondern lediglich auf ihre Einstellung, auf ihre geistigen Fähigkeiten.

Durch diese intensive Entwicklung des Geistes werden natürlich die negativen Eindrücke und Hindernisse im Maße der Stärkung der Kraft des Geistes beseitigt. Die Fähigkeiten des Geistes werden dann vollständig oder zum größten Teil auf dessen weitere Schulung in der Meditation verwendet. In der Entwicklung der meditativen Fähigkeiten werden die Gedanken, Überlegungen und Erkenntnisse der Person immer feiner und subtiler, die gröberen Gedanken und Einstellungen läßt sie hinter sich. Durch die fortgesetzte Entwicklung der Meditation werden subtilere und subtilere Geisteszustände erreicht und grobe Zustände beseitigt, bis ein allersubtilster Geisteszustand erreicht worden ist.

Auf unserer Stufe können wir lediglich die groben Zustände des Geistes benützen, um Dinge zu tun. Wenn durch eine solche Entwicklung die subtileren Geisteszustände hervorgebracht werden, dann können diese ebenfalls zur Ausführung verschiedener Dinge und zum Erreichen beliebiger Ziele verwendet werden, und sie sind dann unvergleichlich wirksamer und stärker.

Der Zustand, der erreicht wird, wenn diese subtilen Geisteszustände zur Vervollkommnung gebracht und durch sie sämtliche Fehler beseitigt und sämtliche heilsamen Eigenschaften vervollständigt worden sind, wird Buddhaschaft genannt.

Wenn nun von diesem Buddha, von diesem erleuchteten Geist, die Rede ist, dann wird oft von vier Körpern gesprochen, oder, zusammengefaßt, von dem Formkörper und dem Dharmakörper oder dem sogenannten Rupakaya und Dharmakaya.

Der subtile Geist, der bis zur Vervollkommnung gebracht worden ist, der sämtliche Fehler beseitigt und sämtliche heilsamen Eigenschaften voll entwickelt hat, wird dann als der Geist des Buddha oder als erleuchteter Geist oder, mit den Ausdrücken dieser vier Körper, als der Dharmakörper bezeichnet. Und was diesen Dharmakörper hervorbringt, das sind diese subtilen Geisteszustände.

Dieser subtilste Geist, der der eigentliche Geist des Buddha ist, wird als Weisheitsdharmakörper bezeichnet, und seine letztliche Art des Bestehens als Essenzkörper.

Diese zwei, der Essenzkörper und der Weisheitsdharmakörper, werden oft als Körper zum eigenen Wohle der Person oder des Buddha bezeichnet. Der Grund dafür ist, daß diese zwei Körper die Loslösung von sämtlichen Fehlern und das Erreichen sämtlicher heilsamer Eigenschaften darstellen.

Ein weiterer Grund, weshalb diese zwei Körper oft als Körper zum eigenen Wohle des erleuchteten Wesens bezeichnet werden, ist, daß sie nur von erleuchteten Wesen erkannt werden können und nicht von Wesen, die die volle Erleuchtung noch nicht erreicht haben.

Was ist nun unter dem Formkörper oder dem Rupakaya zu verstehen? Er ist die Erscheinung des Weisheitsdharmakörpers für andere Wesen, damit sie mit dieser erleuchteten Person in Kontakt treten können.

Der Dharmakörper erscheint in den unterschiedlichsten Formen. Wie Sie sicher wissen, gibt es unzählige Arten und Erscheinungen des erleuchteten Geistes oder des Buddha. Und diese Erscheinungen sind nicht etwas, das der erleuchtete Geist durch seine eigene Motivation aussendet oder auf Grund eines eigenen Wunsches erzeugt, sondern etwas, das durch die Wesen selbst in Abhängigkeit vom Dharmakörper zum Vorschein kommt.

Die Art des Bestehens dieser Erscheinungen ist auch in keiner Weise mit unserer Existenz zu vergleichen. In uns sind im gegenwärtigen Moment der Körper und der Geist vereinigt, aber ihre Ursachen sind gänzlich verschieden. Die Ursache für unsern Körper sind die regenerativen Substanzen der Eltern, während der gegenwärtige Geist seine Ursache in den vorhergehenden Momenten des gleichen Kontinuums hat.

Die Formkörper des Buddha dagegen sind jedoch lediglich eine Erscheinung des Dharmakörpers und in ihrer Natur deshalb ebenfalls von der Natur des Dharmakörpers und in keiner Weise verschieden von der Natur des Weisheitsdharmakörpers.

Es wird immer wieder davon gesprochen, daß es unendlich viele Buddhas gibt. Man fragt sich, wieso und wozu? Es gibt zahllose Wesen, und ganz entsprechend ihren Notwendigkeiten und Voraussetzungen erscheint der erleuchtete Geist in diesen vielen unterschiedlichen Formen.

Zudem wird immer wieder gesagt, daß alle Buddhas von der gleichen Natur sind. Der Grund dafür liegt darin, daß sämtliche Erscheinungen lediglich eine Erscheinung des Dharmakörpers sind, daß sie alle von der Natur des Dharmakörpers und dadurch alle von einer Natur sind.

So würde ein Dharmakörper einem Wesen, das besondere Verbindung mit der Tara hat, in der Form der Tara erscheinen, einem andern Wesen, das eine entsprechende Verbindung mit Manjushri hat, in der

Form des Manjushri, und einem andern in der des Avalokiteshvara, oder in jeder beliebigen anderen Erscheinung des Buddha. Dieser eine gleiche Dharmakörper erscheint je nach Notwendigkeit und Voraussetzung der Wesen in diesen unterschiedlichen Formen.

Wenn man deshalb sein Vertrauen auf *eine* Erscheinung des Buddha setzt und diese, sei es als Gottheit oder was immer, erreicht oder diese Mittel anwendet, um den Zustand dieser Gottheit zu verwirklichen, dann hat man den Zustand sämtlicher Erscheinungen des Buddha erreicht.

Menschen sind ganz separate Personen. Wenn man z.B. von einem Mann und einer Frau spricht, dann sind das zwei Wesen von verschiedener Natur. Bei den Erscheinungen des erleuchteten Geistes jedoch trifft das nicht zu; so sind z.B. Tara und Avalokiteshvara lediglich unterschiedliche Erscheinungen des gleichen Dharmakörpers, und deshalb in ihrer Natur eins.

Diese Wirkensweise des Dharmakörpers soll folgendes Beispiel anschaulich verdeutlichen: In manchen Kaufhäusern ist die Decke mit Spiegeln verkleidet. Und wenn man die Decke betrachtet, dann sieht man die vielen Einkaufenden darunter in diesen Spiegeln reflektiert.

Werden nun diese vielen verschiedenen Farben, diese vielen Erscheinungen der Leute, die einkaufen und alles mögliche machen, von den Spiegeln produziert, von den Spiegeln ausgesandt, oder erscheinen diese Farben und Gestalten lediglich in Abhängigkeit von den vielen Personen, die darunter hin- und hergehen?

Die Spiegel haben nicht die Fähigkeit, irgendwelche Erscheinungen von sich aus zu produzieren, sondern die verschiedenen Farben und Formen erscheinen lediglich in Abhängigkeit von den Objekten, die in den Spiegeln gesehen werden.

Ähnlich werden die Erscheinungen des erleuchteten Geistes wie Tara usw. nicht durch die Absicht oder durch den Wunsch des Dharmakörpers ausgesandt, sondern es sind lediglich spontane Erscheinungen, die durch die Notwendigkeit der betreffenden Wesen entstehen.

Ähnlich wie der Spiegel nicht den Gedanken oder den Wunsch hat, die eine oder andere Erscheinung zu produzieren, so hat der Dharmakörper nicht den Wunsch oder den Gedanken oder die Vorstellung, sich so oder so zu manifestieren, sondern er erscheint spontan in Abhängigkeit von den Notwendigkeiten der Wesen.

Man wundert sich vielleicht, wie es möglich ist, daß so etwas wie der Buddha oder der erleuchtete Geist entsteht, der, ohne den spezifischen Wunsch oder Gedanken zu haben, den andern von Nutzen zu sein, ganz spontan in der einen oder anderen Form erscheint, um diese Ziele zu verwirklichen.

Das ist dadurch möglich, daß das Wesen als Bodhisattva den Gedanken und den Wunsch, den andern von Nutzen zu sein, ständig weiterentwickelte und schulte, dieses eine Ziel als das einzige Ziel sah und sämtliche Bemühungen und Gebete auf dieses Ziel gerichtet hat; dieser erleuchtete Zustand stellt eine Vervollkommnung und einen Abschluß dieser Entwicklung dar.

Uns ist die eigentliche Natur des Rupakaya oder der Erscheinungen des Buddha oft nicht sehr deutlich, und dann kommt es dazu, daß wir uns eine Zeitlang der einen Erscheinung sehr zugeneigt fühlen, nach einer gewissen Zeit diese wieder ganz beiseite legen und sagen, die tauge nichts, uns stattdessen einer anderen zuwenden usw.; das ist ein Spiel eines kleinen Kindes, hat aber nichts mit der Wirklichkeit zu tun, da alle diese Erscheinungen tatsächlich von der gleichen Natur sind.

Diese verschiedenen Erscheinungen entstehen lediglich durch die verschiedenen Notwendigkeiten der Wesen, entsprechend den verschiedenen Erfordernissen und Bedürfnissen der Wesen, aber der Buddha selbst hat nur eine einzige eigentliche Natur, und das ist die des Dharmakörpers.

Ähnlich verhält es sich mit der Rede des Buddha, mit den Worten des Buddha. Diese entstehen ebenfalls vollständig in Abhängigkeit von den Notwendigkeiten derer, an die sie gerichtet sind. Schon nur wenige Worte des Buddha beschreiben ganz die eigentliche Wirklichkeit so, wie sie ist. Die meisten Aussagen des Buddha, der größte Teil der Aktivität der Rede des Buddha entsteht nur durch die Bedürfnisse der Wesen.

Auch sind die Unterweisungen des Buddha vor allem darauf gerichtet, den andern zu nützen. Fragt man sich, was der primäre, entscheidende Faktor ist: der Nutzen, der den Zuhörern zuteil wird, oder eine fehlerlose Erklärung der tatsächlichen Wirklichkeit, dann ist es das erstere. Der Nutzen, der den Zuhörern zuteil wird, wiegt schwerer, hat den Vorrang bei der Auswahl der Worte des Buddha.

Es gibt zum Beispiel Leute, die ein Vertrauen auf den Buddha haben, eine Zuneigung zu ihm, ebenfalls Vertrauen auf das Dharma, und eine sehr tiefe innere Überzeugung von einer persönlichen Identität, von einer innewohnenden, aus sich bestehenden Identität der Person; von einer Identität, die im Buddhismus letztlich widerlegt wird. Würde der Buddha nun einem solchen Wesen sagen, daß es keine innewohnende Identität der Person gibt, dann würde er dadurch wahrscheinlich nur eine Störung des Geistes dieser Person verursachen; diese Person würde traurig werden, wüßte sich nicht zu helfen, und es wäre ihr nur geschadet worden.

Einer solchen Person würde der Buddha eher sagen, daß es eine persönliche Identität gibt; nicht nur, daß es sie gibt, sondern daß man sie auch weiterentwickeln muß. Um sie zu entwickeln, muß man die verschiedenen Unterweisungen und Methoden des Dharma anwenden. Solche Unterweisungen sind in den Sutras zu finden, es sind Unterweisungen, in denen die fünf Aggregate mit Gepäck verglichen werden, das von der Identität, von dem Ich der Person getragen wird.

Wenn ein Schüler mit den vorher beschriebenen Voraussetzungen solche Dinge hört, dann wird sein ohnehin schon vorhandenes Vertrauen auf den Buddha noch weiter gestärkt, er entschließt sich, seinen Anweisungen noch intensiver zu folgen, Dharma nach besten Kräften auszuüben und dadurch weitere heilsame Eindrücke zu sammeln.

So ist sicher deutlich geworden, daß es für diese Person wesentlich nützlicher war, vom Buddha die Bestätigung zu erhalten, daß es eine persönliche, innewohnende Identität gibt; denn dadurch wurde ihr Interesse am Dharma weiter verstärkt und ihre ernsthaften Bemühungen, Dharma anzuwenden, wurden weiter beflügelt. Eine Verneinung dieser Existenz hätte jedoch nur das Gegenteil bewirkt: ein vollständiges Abnehmen des Interesses der Person am Dharma und keine weitere Beschäftigung damit.

Diese Person wird dann durch weitere Bemühungen im Anwenden des Dharma starke positive Eindrücke sammeln, die auch das Verständnis dieser Person weiter fördern. Mit Hilfe des erhöhten Verständnisses wird sie sich eines Tages den eigentlichen Sachverhalt dieses innewohnenden Ichs und der fünf Aggregate genauer überlegen und erkennen, daß diese persönliche Identität nicht so ohne weiteres vorhanden sein kann.

Kommen dann in dieser Person Zweifel auf, ob eine solche innewohnende Identität auch wirklich existieren kann, wird sie sich wieder an den Buddha wenden, und der Buddha wird dann antworten, daß in Wirklichkeit kein solches Ich besteht, daß er lediglich eine solche Erklärung gab, um eine heilsame Entwicklung der Person zu ermöglichen.

Durch die weiteren Erklärungen wird das Verständnis der Person äußerst klar; einserseits sind in ihr durch die eigenen Überlegungen Zweifel entstanden, und zudem erhält sie dann eine sehr deutliche und klare Unterweisung vom Buddha. Und so haben diese weiteren Erklärungen dieser Person noch mehr geholfen als schon die vorhergehenden.

Für jemand Außenstehenden mag es eigenartig aussehen, daß der gleiche Buddha der gleichen Person zu einem Zeitpunkt sagt, es gebe eine innewohnende Identität, und zu einem späteren Zeitpunkt, es gebe sie nicht. Das mag als ein großer Widerspruch erscheinen. Für diese spezifische Person jedoch war die erste Aussage von großem Nutzen, und die zweite hat sie dann noch viel weiter gebracht.

Ein geschickter Arzt wird zum Beispiel einem Patienten manchmal sagen müssen, daß er starke, kräftige Nahrung zu sich nehmen soll, nämlich wenn er schwach und kränklich ist; und zu einem späteren Zeitpunkt wird der gleiche Arzt der gleichen Person sagen müssen, daß sie keine starke, kräftige Nahrung zu sich nehmen darf.

Zudem wird unter den Leuten, die ein solches Nichtvorhandensein einer innewohnenden Identität erkennen, ein Unterschied in der Tiefe der Erkenntnis dieses Nichtvorhandenseins bestehen.

So gibt es manche, die nur bis zu einem gewissen Grad ein Nichtvorhandensein einer solchen innewohnenden Identität erkennen und nur sehr grobe Begründungen zu dessen Erhärtung verstehen. Andere werden schon tiefer in diese Wirklichkeit eindringen und tiefere Gedanken und Begründungen durchführen können, andere vielleicht noch feinere, und nur ein ganz kleiner Teil wird das eigentliche Bestehen der Dinge erkennen, so, wie es tatsächlich ist.

Der Buddha hat allen diesen jeweils gesagt, daß ihre Annahmen richtig sind, daß sie mit diesen Annahmen weiterarbeiten und ihr Verständnis, ihre Erkenntnisse weiter vertiefen sollen. Er hat ihnen nicht gesagt, daß ihre Überlegungen der Wirklichkeit nicht vollständig entsprechen.

Wenn dadurch die eigenen Erkenntnisse die Wirklichkeit nur umreißen, aber nicht genau treffen, dann wird eine Bestärkung in den eigenen Annahmen zu einer weiteren Beschäftigung mit diesen Dingen führen, zu weiteren Bemühungen um die Ansammlung von Verdienst, was den Geist dieser Personen weiter schärft und ihnen dann erlaubt, der Wirklichkeit noch genauer auf die Spur zu kommen.

Aus diesem Grund gibt es im Buddhismus verschiedene philosophische Schulen, wie die Vaibhashikas, die Sautrantikas, die Cittamatrin, die Svatantrika-Madhyamikas und die Prasangika-Madhyamikas.

Im Lanka Avatara Sutra wird diese Wirkensweise des Buddha deutlich gemacht und mit der Wirkensweise eines Arztes verglichen; eines Arztes, der sich nur um das Wohl seines Patienten kümmert und ihm zu jedem gegebenen Zeitpunkt genau das sagt, was er jetzt am besten zu tun hat.

Denn als dieses Wesen ein Bodhisattva war, richtete es bis zum Erreichen der Buddhaschaft alle seine Aktivitäten darauf aus, den andern Wesen von Nutzen zu sein und die dazu notwendigen Fähigkeiten zu erlangen. Dadurch sind dann auch die Aktivitäten des erleuchteten Geistes des Buddha immer noch nur darauf ausgerichtet, den andern zu nützen, ihnen zu helfen. Deshalb ist alles gut und recht, was den andern nützlich ist.

Ich konnte diese Dinge nicht sehr genau erklären, aber wenn einem etwas deutlicher geworden ist, was unter dem Buddha zu verstehen ist, wenn man die außergewöhnliche Art der Wirkensweise des erleuchteten Geistes erkennt und dadurch ein Vertrauen und eine Hingabe findet und auf der Basis eines solchen Vertrauens und einer solchen Hingabe seine Zuflucht bei den erleuchteten Wesen sucht, dann ist das sehr nützlich.

Wenn man stattdessen die verschiedenen Erscheinungen des Buddha als unterschiedliche Wesen, wie es die Menschen sind, betrachtet und der Meinung ist, daß der Buddha ganz beherrschend den Wesen beibringen will, was zu tun ist und was nicht, dann sieht man die Dinge nicht so, wie sie sind.

Ich erwähnte nur einige Erscheinungen des Dharmakörpers. Wenn es den Wesen jedoch von Nutzen ist, dann gibt es auch Erscheinungen des Dharmakörpers in der Form von Wasser oder einer Brücke, eines Weihers oder was immer. In jeder beliebigen Form, die den Wesen zu einem letztlichen Glück und Vorteil verhelfen kann, wird sich der Dharmakörper manifestieren.

So sind die Erscheinungen des Dharmakörpers von der gleichen Natur wie der Dharmakörper und werden immer wieder in ihn zurückgezogen. Aber es kann durchaus auch vorkommen, daß durch bestimmte Notwendigkeiten, zum Beispiel, um den Lebewesen die Vergänglichkeit deutlich vor Augen zu führen oder um ihnen die Möglichkeit zu geben, heilsame Eindrücke zu sammeln, Erscheinungen des Dharmakörpers einen gewöhnlichen menschlichen Tod vorzeigen und einen Leichnam hinterlassen.

Meditation:

Ich schlage Ihnen vor, daß Sie über das nachdenken, was ich heute nachmittag erwähnt habe, daß Sie sich ein bißchen der eigentlichen Natur des Buddha bewußt werden. Ich habe nur eine ganz kurze Erklärung gegeben, ich habe nur die Eigenschaften des Körpers und der Rede des Buddha erwähnt. Es gibt noch viele andere Dinge zu besprechen, die verschiedenen Fähigkeiten des Buddha wie die friedlichen, weiten, beherrschenden und drohenden Aktivitäten und so weiter.

Wenn Sie Meditationen mit verschiedenen Erscheinungen des Buddha machen, ist es auch nützlich, sich des heute nachmittag Erklärten bewußt zu sein und damit zu versuchen, die Wirkung Ihrer Meditationen über diese Erscheinungen des Buddha etwas zu verstärken.

Wenn der Buddha Unterweisungen gibt, dann gibt er genau die, die dem Zuhörer von bestem Nutzen sind. Wenn *wir* irgend etwas über Dharma sagen, dann enthält das immer viel, was die Zuhörer interessiert, was ihnen nützt, und auch immer viel, was sie vielleicht nicht interessiert, was sie nicht anwenden können oder mögen. Deshalb ist es wichtig, daß man selbst entscheidet, was einem liegt, daß man selbst ausprobiert, was einem nützt, und das anwendet; alles, was gesagt wird, können wir nicht anwenden oder ist auch nicht unbedingt auf uns zutreffend.

Wenn man Dharma anwendet, ist es wichtig, daß man fröhlich und entspannt ist. Würde man versuchen, seine Bemühungen auf irgendeinen Aspekt des Dharma zu richten, der einem nicht liegt, wo man sich nicht wohl fühlt, dann ist es unmöglich, dabei fröhlich und entspannt zu sein, und dann ist es auch unmöglich, positive Resultate damit zu erzielen.

Antworten auf Fragen:

Der Dharmakörper ist der Geist des Buddha, und es sind wiederum zwei Dharmakörper zu unterscheiden: der Weisheitsdharmakörper und der Essenzkörper. Diese beiden sind nicht zwei unverbundene oder vollständig getrennte Dinge, sondern der Weisheitsdharmakörper ist der Geist, die Weisheit des Buddha, und der Essenzkörper ist die letztliche Art des Bestehens dieses Weisheitsdharmakörpers. Sie sind also nicht von unterschiedlicher Natur.

Und dieser Dharmakörper erfüllt die Bedürfnisse der Wesen spontan und ohne Anstrengung, ohne den Gedanken, jetzt mache ich das oder das.

Das wird mit folgendem Beispiel verglichen: Wenn der Mond in einer klaren Nacht scheint, dann spiegelt er sich in jedem klaren Wasser, ganz gleich, ob das nun ein See ist oder ein Weiher oder Wasser in einem Behälter oder was immer; der Mond hat nicht die Absicht, irgendwo sein Bild wiederzugeben, sondern er wird ganz spontan in jeder Art von klarem, ungetrübtem Wasser reflektiert. Ähnlich wirkt der Dharmakörper spontan, und er ist auch wahrnehmbar, wo die Verblendungen entsprechend reduziert sind. In sehr trübem Wasser wird sich keine Spiegelung des Mondes bilden, und je klarer das Wasser ist, desto deutlicher und schärfer wird sie sein.

Ähnlich wird der eigene Geist die verschiedenen Erscheinungen und Aktivitäten des Dharmakörpers um so deutlicher und in einem um so größeren Maß wahrnehmen, je klarer er ist, das heißt, je mehr er von Verblendungen befreit ist. Wenn z.B. verschiedene Wesen sich sehr bemühen, den Geist von Verblendungen zu befreien, dann kann ganz spontan die Erscheinung irgendeiner Manifestation des Dharmakörpers auftreten, so z.B. der Tara.

Auf einem Thanka oder auf einem Bild wird die Tara heutzutage meistens in einer sitzenden Haltung dargestellt, die rechte Hand offen nach vorne gerichtet und die linke vor der Brust. Das rührt daher, daß irgendein großer Meister dadurch, daß sein Geist von Verblendungen befreit war, die Erscheinung des Dharmakörpers wahrnahm, und zwar in dieser Form, und das weitergab, und daß dann entsprechend diesen Erklärungen Zeichnungen angefertigt werden. Das heißt aber nicht, daß die Tara immer so dasitzt.

Auch Buddha Shakyamuni wird in ganz bestimmten Stellungen gezeichnet, was auch eine spezifische Bedeutung hat, aber nicht heißt, daß er immer nur diese Stellungen einnimmt.

Wenn wir verschiedene Zeichnungen sehen, dann sagen wir manchmal ganz spontan, das ist die Tara oder sieht der Tara ähnlich; in Wirklichkeit jedoch wissen wir nicht so genau, wie die Tara aussieht, sondern wir sagen damit nur, daß die Zeichnung einer Darstellung der Tara, die wir kennen und als solche akzeptieren, ähnlich ist.

Das ist nur ein Beispiel, das auf alle Darstellungen der Buddhas zutrifft; auch Manjushri sitzt nicht immer mit erhobenem Schwert. Diese Erscheinungen traten auf und bezwecken ihre ganz bestimmten Ziele; aber das heißt nicht, daß sie sich nur so zeigen können.

Ich habe erklärt, daß der Zustand des Dharmakörpers von einem Wesen erlangt werden kann, das die geistige Entwicklung, wie ich sie kurz beschrieben habe, vollzieht. Wenn Sie meinen, daß der Dharmakörper aus großen Meistern oder solchen Wesen entsteht, dann bezieht sich das nicht auf Leute, die sich als solche präsentieren.

Wenn der Geist immer weiter entwickelt wird und immer subtilere Geisteszustände hervorgebracht werden können, dann wird der Zustand des Dharmakörpers in dem Moment erreicht, in dem der subtilste Geisteszustand hervorgebracht worden ist und er von sämtlichen negativen Aspekten befreit ist und sämtliche heilsamen Eigenschaften vervollkommnet hat. Das Wesen, das diesen Zustand erreicht, erreicht damit die Buddhaschaft, und der Dharmakörper ist dann der Geist dieses Wesens und damit auch der Geist des Buddha, und nur das erleuchtete Wesen besitzt diesen Geist.

Aber dieser Geist kann in den verschiedensten Formen erscheinen und dann auch von anderen, gewöhnlichen Wesen wahrgenommen werden; was aber nicht bedeutet, daß dadurch diese gewöhnlichen Wesen diesen Geist in sich haben oder erlangt hätten.

Der Mond z.B. befindet sich am Firmament, und seine Spiegelung kann sich in einem See usw. zeigen; ähnlich können sich die Auswirkungen oder die Manifestationen des Dharmakörpers vor gewöhnlichen Wesen zeigen.

Durch die fortgesetzte Entwicklung und das Ansammeln verschiedener Fähigkeiten und Verdienste wird dann mit der Zeit der eigene Geist zu diesem Dharmakörper, oder er kann diesen Zustand des Dharmakörpers erreichen.

Wenn man von Geshe spricht und seiner letztlichen Art des Bestehens, dann mag uns das als etwas Unterschiedliches erscheinen, aber die Leerheit in bezug auf Geshe ist nichts anderes als seine letztliche oder eigentliche Art des Bestehens.

Man kann in bezug auf alles, also in dem Fall auch in bezug auf Geshe, zwei Arten des Bestehens unterscheiden; die eine ist die konventionelle Art des Bestehens und die zweite die letztliche.

Unter der konventionellen Art des Bestehens ist seine Art des Seins zu verstehen, wie wir sie wahrnehmen, daß er hier sitzt und das und jenes tut.

Seine letztliche Art des Bestehens ist die Art des Bestehens, die beschrieben wird, wenn gefragt wird: Was ist dieser Geshe Rabten, der da sitzt? Dann ist die Antwort, er besteht in Abhängigkeit von seinem Körper, seinem Geist, von dem, das ihn benennt usw., also in Abhängigkeit von vielen verschiedenen

Faktoren; und er ist frei oder leer von einer innewohnenden Existenz. Das ist mit *letztlicher Art des Bestehens* gemeint.

Ähnlich ist es, wenn man vom Weisheitsdharmakörper spricht und sich fragt: Wie existiert er, was ist seine Art des Bestehens? Dann ist die Antwort: Er ist in Abhängigkeit von der Anhäufung heilsamer Fähigkeiten, von Verdienst und heilsamem Potential usw. entstanden, er existiert nicht unabhängig aus sich heraus; und das ist seine letztliche Art des Bestehens. Das wird unter dem Essenzkörper verstanden.

Diese Lampe z.B. ist hell, und ihr Aspekt des Hellseins und ihr Aspekt des Nichtdunkelseins sind an und für sich das gleiche. Man kann nicht den Aspekt des Hellseins und den Aspekt des Nichtdunkelseins vollständig voneinander trennen. Diese beiden gehen Hand in Hand und sind wie zwei Seiten des gleichen Dings.

Wenn nun vom Dharmakörper die Rede ist, könnte man das vielleicht so vergleichen, daß der Weisheitsdharmakörper dem Hellsein der Lampe entspricht, und der Essenzkörper dem Nichtdunkelsein der Lampe.

Analog wird der Dharmakörper in bezug darauf, daß er frei von einer unabhängigen, aus sich bestehenden Existenz ist, als Essenzkörper, und in bezug darauf, daß er konventionell als Benennung existiert und wirksam ist, daß er das Wohl der Wesen erwirkt, als Weisheitsdharmakörper beschrieben.

Das war nur ein Beispiel in bezug auf den Dharmakörper; das gleiche trifft aber auf alles zu: Das trifft auf uns zu, trifft auf diese Hand zu und auch auf die Blumen oder was immer.

Das Beispiel bezieht sich nur auf einen bestimmten Effekt. Die Spiegelung des Mondes ist im Wasser wahrzunehmen, während die Aktivitäten des Dharmakörpers nicht *in* dem Wesen sind, dem sie zukommen. Insofern sind diese Beispiele also nicht miteinander zu vergleichen. Es war nur der eine Punkt vergleichbar, den ich erwähnt habe.

Aber ein Punkt, der deutlich gemacht werden sollte, ist, daß bestimmte Umstände vorhanden sein müssen, damit der Mond sich reflektiert. Einerseits muß das Wasser klar sein, und andererseits muß der Mond ebenfalls klar scheinen. Bei bewölktem Himmel und wenn der Mond nicht scheint, gibt es auch keine Spiegelung; wenn das Wasser nicht klar und glatt ist, dann gibt es ebenfalls keine Spiegelung. So muß das Wasser von seiner Seite her klar und glatt sein, damit es die Eigenschaft hat, den Mond zu reflektieren; es besteht aber nicht die Notwendigkeit einer Absicht des Mondes.

Ähnlich erscheinen die Aktivitäten des Dharmakörpers, wenn die Voraussetzungen bei den Wesen erfüllt sind, spontan, ohne den spezifischen Gedanken des Dharmakörpers, das zu tun. Das ist so, wie ich vorhin mit dem Beispiel des Spiegels erklärt habe.

Aber das heißt nicht, daß sich der Dharmakörper seiner selbst nicht bewußt wäre oder daß er irgend etwas nicht wüßte, sondern ganz im Gegenteil, er erkennt sämtliche Dinge in ihrer eigentlichen Existenz *und* in ihrer konventionellen Erscheinungsform. Er benötigt aber nicht den Gedanken, gegenüber diesem Wesen werde ich mich so zeigen oder so, sondern er erscheint ganz spontan, ohne daß solche gedanklichen Absichten den Aktivitäten vorangehen.

Um dies mit einem andern Beispiel deutlich zu machen: Wenn es regnet, dann hat weder die Wolke noch der Regen den Gedanken, da oder dort die Erde naß zu machen.

Damit möchte ich nur deutlich machen, daß der Dharmakörper keine Gedanken oder Vorstellungen hat. Gedanken und Vorstellungen sind etwas, das die gewöhnlichen Wesen charakterisiert.

Und wenn Sie jetzt auf den Gedanken kommen, daß der Dharmakörper an nichts denkt und nichts weiß, weil er keine Gedanken hat, dann ist das ein grober Fehlschluß.

DIE ZWÖLF GLIEDER DES SEINS

Ich möchte Sie alle mit einem herzlichen Tashideleg begrüßen, und ich freue mich sehr, Sie wiederzusehen.

Es ist sehr gut, daß wir uns in einem so schönen Saal wiederfinden und Erklärungen über Dharma zuhören können. Wenn wir auch in der Zukunft die Möglichkeit haben, regelmäßig Kurse zu halten, dann wäre es vielleicht gut, ihnen einen bestimmten Text zugrunde zu legen; das nur als Plan für die Zukunft.

Viele von Ihnen werden schon einiges wissen von dem, was ich erklären werde, weil sie öfters zu Kursen kommen; aber dennoch denke ich, daß es auch denen, die es schon einmal gehört haben, von Nutzen sein wird, ganz zu schweigen von denen, die es noch nie gehört haben.

Wir sprechen viel vom Daseinskreislauf und von der Befreiung. Das sind zwei Worte, die uns allen im Mund liegen. Aber es ist sehr wichtig, auch genau zu wissen, was mit Daseinskreislauf, mit Samsara gemeint ist.

Wenn man weiß, was es bedeutet, daß man selbst im Samsara lebt, im Daseinskreislauf gefesselt ist, dann wundert man sich nicht über Schwierigkeiten, die einem in den Weg kommen, und über verschiedene Arten von Leid und Problemen, die man zu erfahren hat; man denkt sich dann einfach, ja, es ist eigentlich gar nichts anderes zu erwarten für jemanden, der eben im Daseinskreislauf existiert.

Wenn einem das nicht klar ist, dann kann es leicht passieren, daß man in seinem Leben sehr große Schwierigkeiten erfährt, irgendein großes Unglück geschieht, und weil einem nicht bewußt ist, daß das eigentlich auf die eine oder andere Art zu erwarten ist, wird man sich wundern: Warum muß *mir* so ein Unglück zustoßen?

So kommen *zu* dem äußern Unglück noch das Unverständnis und die innere geistige Belastung mit diesem Unglück.

Uns allen ist klar: Von Zeit zu Zeit geht es uns gut, wir sind entspannt und ruhig; und von Zeit zu Zeit erfahren wir große Bedrängnis. Das können wir aus unserer eigenen Erfahrung sehr deutlich sehen.

Wenn wir uns in Drangsal befinden, dann ist vielleicht die Hälfte des Leides, das wir erfahren, wirkliches Leid, das von außen auf uns zukommt; aber die andere Hälfte des Leides wird wahrscheinlich einfach durch Sorgen verursacht, durch ein Unverständnis, ein Nichtfähigsein, die Situation geistig zu bewältigen.

Sie wundern sich vielleicht, warum ich kaum zwei Worte gesagt habe und schon über Bedrängnis und Leid spreche. Der Grund dafür ist, daß eben

Bedrängnis und Leid das ist, was wir *nicht* wollen. Wenn wir verstehen, woher es kommt, was seine Natur ist, wie man es abwenden kann, dann erreichen wir das, was wir wollen.

Anstatt gleich von vornherein zu sagen, wie gut es uns geht, in was für einer wunderbaren Situation wir leben, daß wir fast in einem Devareich wohnen usw.; das nützt nichts, es entspricht unserer tatsächlichen Situation nicht und bringt uns keinen Schritt weiter.

Um das mit einem Beispiel zu verdeutlichen: Wenn jemand eine große Reise unternimmt, die er zu Fuß bewältigen muß, die ihn über viele Flüsse und Pässe führt, dann ist es doch ratsam, dieser Person *vor* dem Aufbruch zu dieser Reise zu sagen, was für Schwierigkeiten auf sie warten, wie diese zu meistern sind, zu welchen Flüssen, welchen Pässen sie kommen wird, wie diese zu überqueren sind. So wird diese Person auf der Reise zwar wohl körperliche Schwierigkeiten und Mühsal ertragen, aber sie wird sich denken: Ja, ich wußte schon von Anfang an, daß das auf mich wartet, daß ich da hindurchgehen muß, und ihr Geist wird ruhig bleiben.

Würde man im Gegensatz dazu dieser Person einfach sagen: Geh du nur fleißig so weiter, es ist ein wunderschöner Weg, und es sind überhaupt keine Schwierigkeiten zu erwarten; dann wird diese Person, bevor sie am Ziel angekommen ist, die gleichen Mühsale ertragen müssen; nicht nur das, ihr Geist wird in arge Bedrängnis geraten, und das Leid dieser Person auf dieser Reise wird noch um einiges größer sein.

In Wirklichkeit sind wir alle Wesen im Daseinskreislauf oder, wörtlich übersetzt, *Daseinskreisläufer.* Viele von uns denken, wenn sie das hören, ja, der Daseinskreislauf oder das Samsara ist wohl irgendwo draußen ein Gebiet, wo es vielleicht Kühe gibt. Man kann sich alle möglichen Gedanken über den Daseinskreislauf machen. Diese sind jedoch zum größten Teil nicht korrekt.

Der Daseinskreislauf ist nicht etwas, das man irgendwo außerhalb finden kann, nicht irgendein Ort, wo es vielleicht Berge oder Kühe oder sonst irgend etwas gibt. Weder in diesem Land noch in irgendeinem andern Land kann man etwas finden, was tatsächlich dieser Daseinskreislauf wäre. Das Land z.B., in dem *wir* leben, ist lediglich der Ort, in dem Wesen leben, die sich im Daseinskreislauf befinden. Das ist also ein Ort der sogenannten Daseinskreisläufer.

Der Daseinskreislauf selbst existiert im eigenen Wesen.

So sollte man verstehen, daß der *eigene* Daseinskreislauf mit einem selbst, mit der eigenen Art zu leben eine Verbindung hat, einen Aspekt des Lebens darstellt. Er ist nicht irgend etwas außerhalb, man kann nicht ein Gebiet oder ein allgemeines Ding als Daseinskreislauf bezeichnen.

So gibt es eine Beziehung zwischen dem Daseinskreislauf und der eigenen Art des Bestehens.

Untersucht man nun die eigene Art des Bestehens genauer, dann kann man auch wieder verschiedene Arten unterscheiden.

Man kann die *letztliche* Bestehensart des eigenen Wesens betrachten. Diese ist dann etwas in Verbindung mit Shunyata, mit der Leerheit.

Oder man kann die *abhängige* Bestehensart der Person betrachten. Und diese wäre das, was mit der konventionellen Wahrheit übereinstimmt. Das dürfte auch wieder vielen von Ihnen bekannt sein.

Ein anderer Aspekt unserer Existenz sind die zwölf abhängigen Glieder; das ist die dritte Art, unsere Bestehensweise zu betrachten; sie beschreibt unser Bestehen im Daseinskreislauf, und darüber will ich nun sprechen.

Auch bei westlichen Leuten habe ich schon öfter Bilder gesehen, auf denen diese zwölf abhängigen Glieder symbolisch dargestellt sind. Vielen von Ihnen wird vielleicht bewußt sein, was diese Bilder bedeuten; vielen von Ihnen wohl nicht.

Kreisförmig angeordnet sind außen meistens zwölf Abschnitte mit verschiedenen Bildchen gemalt, und im Innern, dem Hauptteil dieses Bildes, werden verschiedene Bereiche dargestellt, Menschen, Tiere, göttliche Wesen und Wesen in elendem Dasein. Diese beschreiben die *Art* der Existenz der Wesen im Daseinskreislauf, die sechs verschiedenen Bereiche, in denen Wesen existieren können. Und die Bilder außen, die diese kreisförmige Abbildung umschließen, beschreiben die zwölf abhängigen Glieder.

Die meisten von Ihnen dürften eine solche Abbildung zu Hause haben. Wenn ich heute diesen äußeren Ring erkläre, können Sie das zu Hause ansehen und dann wahrscheinlich die Symbolik dieser Bilder verstehen.

Das erste Bild zeigt einen blinden Menschen, also einen Menschen ohne Augen.

Im allgemeinen haben wir Menschen Augen. Und diese Augen erlauben es uns, unsere Umgebung zu sehen und festzustellen, was sich dort abspielt. Solang wir Augen haben, können wir sehen, wohin wir gehen, was wir tun und welche Hindernisse auf unserm Weg sind; kurz, wir sehen, was um uns vorgeht. Wenn wir *keine* Augen haben, dann werden wir, ganz gleich, was wir tun, ob wir gehen, sitzen oder stehen, viele Fehler machen.

Was symbolisiert also dieser blinde Mann auf dem ersten Bild? Er zeigt, daß die allem zugrunde liegende Ursache unseres Umherirrens im Daseinskreislauf das Nichtsehen ist, die *Unerkenntnis, die nach einem selbstbeständigen Ich greift.*

Unsere Art des Bestehens im Daseinskreislauf ist dadurch gekennzeichnet, daß wir sehr viel Leid erfahren, körperliches Leid und geistiges Leid. Und was ist dieses Leid, diese Bedrängnis, die wir erfahren? Diese Bedrängnis ist ein *Resultat;* etwas, das einem ständigen Wechsel unterworfen ist, eben ein Resultat, das auf Grund von Ursachen ins Entstehen gekommen ist.

Da es Resultate sind, *müssen* sie eine Ursache haben. Nur auf Grund von Ursachen können Resultate entstehen. Das sehen wir selbst in der Natur: Blumen oder Bäume oder was immer es ist, es wächst als Resultat eines gewissen Samens, einer Ursache, die es zum Wachsen bringt.

Die Bedrängnis, die wir erfahren, ist also ein Resultat; ein Resultat, das unabdingbar auf Grund einer Ursache ins Entstehen kommt. Da Bedrängnis etwas ist, was wir *nicht* mögen, was wir nicht wünschen, muß sie notwendigerweise ein Resultat von negativen oder schlechten Ursachen sein. Denn etwas, was wir uns nicht wünschen, kann wohl kaum ein Resultat von guten Ursachen sein.

Also ist die Bedrängnis, die wir erfahren, einerseits ein Resultat; weiter ein Resultat, das auf Grund von Ursachen ins Entstehen kam; und auf Grund von Ursachen, die negativ oder schlecht sind.

Alle diese negativen oder fehlerhaften Ursachen lassen sich auf *eines* zurückführen: das ist die Unerkenntnis, von der wir am Anfang sprachen; auf die Unerkenntnis, die ein selbstbeständiges Ich erfaßt.

Was ist nun diese Unerkenntnis? Manche von Ihnen werden es vielleicht wissen; um es andern auch deutlich zu machen, will ich es nochmals erklären.

Ganz gleich, was für ein Phänomen es ist, etwas, das existiert, muß notwendigerweise, von der *konventionellen* Seite her betrachtet, ein abhängiges Phänomen sein, ein Phänomen, das in Abhängigkeit existiert.

Von der *letztlichen* Seite her betrachtet, muß es ein Phänomen sein, das frei von innewohnender Existenz, frei von Selbstbeständigkeit ist.

So existiert es einerseits in Abhängigkeit, andererseits ist es frei von Selbstbeständigkeit. Das ist die eigentliche Art des Bestehens aller Phänomene, vorausgesetzt, daß sie existieren.

Um das deutlicher zu machen, werde ich vielleicht in einem andern Kurs diese zwei Wahrheiten, diese zwei Aspekte des Bestehens der Phänomene genauer beschreiben. Sie nur kurz zu erwähnen wird nicht zu einem klaren Verständnis führen.

Wenn wir erkannt haben, daß die Phänomene in dieser Art bestehen, wenn uns ganz klar ist, daß sie in ihrer Natur dieser zweifachen Wahrheit entsprechen, dann wissen wir, was die letztliche und eigentliche Art des Bestehens der Phänomene ist; und dann werden wir in unseren Handlungen keine Fehler machen.

Wenn wir zum Beispiel in weltlichen Belangen die Situation genau kennen, dann werden wir in unserm Benehmen, in unsern Handlungen keine Fehler machen, weil uns ganz klar ist, wie die Situation aufgebaut ist, was was bewirkt, so daß wir uns richtig bewegen können.

Im Gegensatz dazu: Wenn uns in weltlichen Belangen die Situation nicht klar ist, wenn wir nicht genau wissen, was sich abspielt, was wie zusammenarbeitet, dann werden wir wahrscheinlich sehr viele

Fehler machen, eben weil wir nicht sehen, wie die Situation tatsächlich ist. Das ist uns sicher aus unserer Erfahrung geläufig.

So bestehen auch wir selbst in dieser zweifachen Wahrheit, in der konventionellen und in der letztlichen Wahrheit. Das ist uns jedoch nicht klar; wir sind gewissermaßen umnebelt oder blind gegenüber dieser eigentlichen Art des eigenen Bestehens.

Da uns nicht deutlich ist, wie wir in der Natur dieser zwei Wahrheiten existieren, *erfassen* wir unsere Existenz und die Existenz der Phänomene vollkommen verkehrt; das heißt, ganz entgegengesetzt ihrer eigentlichen Art des Bestehens, ihrer Natur des Bestehens in den zwei Wahrheiten. Und dieser Geisteszustand, der sich selbst und die andern Phänomene so vollkommen verkehrt erfaßt, wird *Unerkenntnis* genannt.

Tatsächlich existieren wir in einer sehr subtilen, feinen Abhängigkeit. Unsere Unerkenntnis jedoch erfaßt unsere Existenzweise vollständig umgekehrt, nämlich als etwas Eigenmächtiges, Unabhängiges, von der eigenen Seite her Existierendes.

So sieht unsere Unerkenntnis die Phänomene ganz entgegengesetzt ihrer eigentlichen Art des Bestehens, und das wird deshalb mit dem blinden Menschen symbolisiert, der die äußere Umwelt auch nicht so sieht, wie sie tatsächlich ist, der nicht sieht, was um ihn vorgeht, sondern nur eine große Dunkelheit um sich erfaßt.

Dieser Geisteszustand der Unerkenntnis existiert, er ist in uns vorhanden und wird auch deutlich; nur wird es *uns* nicht klar, daß er vorhanden ist. Erst wenn man länger studiert und nachdenkt und genau untersucht, was die eigentliche Art des eigenen Bestehens ist, wird einem deutlich, daß in einem selber dieser Geist der Unerkenntnis vorhanden ist und daß er aktiv ist.

So ist in unserm Geist diese Unerkenntnis, und auf der Basis dieser Unerkenntnis entsteht dann manchmal Haß, der uns unglücklich macht; manchmal entsteht gegenüber den andern Eifersucht, die uns unglücklich macht; manchmal entsteht starkes Verlangen. Und so kommen auf Grund dieser Unerkenntnis eine Unzahl von Geisteszuständen zum Vorschein, die den Geist aufwühlen und ihn bedrängen.

Um das auf der körperlichen Ebene zu vergleichen: Das würde einem Menschen mit einer sehr schwierigen chronischen Krankheit entsprechen; das heißt, der eigentliche Defekt, der irgendwo im Innern des Körpers vorhanden sein kann, verursacht andauernd weitere Komplikationen.

Das Beispiel werden wohl die meisten von Ihnen schon verstanden haben. Dieser Defekt des Körpers, diese innerste Krankheit, entspricht der Unerkenntnis; die ständigen Komplikationen, die dadurch dauernd ungewollt hervorgerufen werden, entsprechen den Geistesverblendungen wie Haß, Verlangen und Eifersucht usw., die auf Grund der Unerkenntnis entstehen.

Da die Basis, diese Unerkenntnis, ein vollständig fehlerhafter, getäuschter Geisteszustand ist, sind sämtliche Geisteszustände, die auf dieser Basis entstehen, wie Haß, Verlangen und Eifersucht usw. ebenfalls fehlerhafte Geisteszustände. Wenn man die zwei Wahrheiten, die eigentliche Art des Bestehens der Dinge, genau erkennt und versteht, dann ist es nicht mehr möglich, daß Geisteszustände auftreten, die einen unglücklich und traurig machen, die einen in Drangsal bringen.

Würde zum Beispiel Herbert zu Geshe viele böse Worte sagen und würde Geshe wütend auf ihn werden, dann sind die bösen Worte der äußere Umstand, aber der eigentliche Faktor, der Geshes Geist in Bedrängnis brächte, sind der Haß und die Wut, die in ihm aufsteigen. Und als Resultat dieses Hasses, der dann entsteht, würde Geshe vielleicht noch andere böse Worte zurücksagen, die dann wiederum Haß in Herbert verursachen würden; und dann könnten sie am Schluß auch noch fleißig streiten.

Würde man klar verstehen, daß die Phänomene in ihrer Natur diesen zwei Wahrheiten entsprechen, könnte kein solcher Haß entstehen.

Damit zum Beipiel eine Blume wachsen kann, braucht es einerseits die Ursache, den Samen für diese Blume, andererseits viele Umstände, die sie dann tatsächlich zum Sprießen bringen können, wie das Wasser, die Wärme, die Erde usw. In gleicher Weise sind zum Beispiel die bösen Worte lediglich ein äußerer Umstand; aber die eigentliche Ursache für den Haß, der in einem entsteht, ist die Unerkenntnis.

Auf Grund der Unerkenntnis entstehen fehlerhafte Geistesfaktoren. Diese führen dazu, daß negative *geistige* Handlungen durchgeführt werden, das heißt, daß negative Gedanken auftreten; und diese führen zu negativen *sprachlichen* Handlungen und zu negativen *körperlichen* Handlungen.

So ist zum Beispiel auf Grund einer unheilsamen sprachlichen Handlung ein negatives Karma erzeugt worden - Karma bedeutet nichts anderes als Handlung -, und diese Handlung oder dieses Karma ist eine *Ursache,* und in *diesem* Fall eine negative Ursache.

Auf den Darstellungen dieser zwölf abhängigen Glieder finden Sie oft einen Töpfer als zweites Bild. Dieser Töpfer symbolisiert die negativen Handlungen von Geist, Rede und Körper. Das ist nicht auf allen Bildern der Fall, aber auf manchen, und vielleicht haben Sie selbst so ein Bild zu Hause.

Dieser Töpfer, der da verschiedene Formen herstellt, produziert etwas, er macht etwas, es sind Handlungen, die er durchführt. Und in gleicher Weise sind unsere körperlichen, sprachlichen und geistigen Handlungen eben auch Handlungen, die durchgeführt werden.

Diese unheilsamen Handlungen von Körper, Rede und Geist sind das zweite der zwölf abhängigen Glieder.

Wir führen diese Handlungen natürlich nicht ständig weiter; das heißt, man tut etwas eine gewisse

Zeitlang, und dann hört man auf, man denkt etwas anderes, es kommen wieder andere Geisteszustände zum Vorschein; diese Handlungen dauern also nicht endlos an. Wenn sie zu Ende kommen, hinterlassen sie ein Potential, einen Eindruck oder eine Ursache, die in der Zukunft ein Resultat produzieren wird.

Dieses Potential wird auf dem Geist plaziert oder gespeichert, es bleibt auf dem Geistesstrom erhalten. Und dieser Geist ist dann das dritte der zwölf abhängigen Glieder; das heißt, dieser Geist, der als Rezipient der Potentiale der Handlungen dient.

Auf den Darstellungen der zwölf abhängigen Glieder wird für das dritte Glied, den Geist, ein Affe gezeichnet.

Sie haben sicher schon öfter Affen gesehen; es sind unter den Tieren wohl die lebendigsten, das heißt die, die man überhaupt nie ruhighalten kann, die ständig irgendwohin sausen oder irgend etwas tun. Und das entspricht ungefähr unserm Geist. Er kann auch nie festgehalten, nie ruhiggehalten werden, er saust auch ständig irgendwohin. Deswegen wird er mit diesem Affen verglichen.

Da Sie Ihren eigenen Geist in sich selber haben, können Sie selbst beurteilen, ob er ruhig ist oder nicht.

Ein weiterer Geisteszustand, der in uns entsteht, ist Verlangen. Verlangen kann gegenüber vielen Dingen entstehen: gegenüber Menschen, gegenüber

Gebieten oder Ländern, gegenüber allem möglichen. Das Verlangen hilft diese Potentiale zu verstärken, es gibt diesen Potentialen mehr Kraft.

Das Potential, das auf dem Geist plaziert wird, könnte zum Beispiel mit einem Samen verglichen werden; damit dieses Potential möglichst fleißig wächst, kann man den Samen gießen, und der würde dann auch wachsen; und das entspricht dem Verlangen, das dieses Potential verstärkt und zum Wachsen bringt.

Solche Geistesverblendungen wie Verlangen entstehen in uns. Es ist uns meistens nicht klar, weil uns das nicht besonders interessiert. Und obwohl es uns nicht besonders interessiert, bewirkt das Verlangen ein Anwachsen dieser negativen Potentiale.

Verlangen ist das vierte aus den zwölf abhängigen Gliedern, wenn sie in der Reihenfolge erklärt werden, wie wir im Daseinskreislauf Existenz nehmen.

Auf manchen Bildern wird das Verlangen mit einem Biertrinker beschrieben. Es gibt verschiedene Maler, die verschiedene Beispiele wählen; aber auf manchen Bildern habe ich schon das Symbol eines Bier trinkenden Mannes gesehen.

Das Verlangen hat die Eigenschaft, daß es, wenn es einmal ein Objekt gesehen hat, ständig wieder ein weiteres möchte und wieder ein weiteres und dann noch einmal eines und es kein Ende des Verlangens gibt. Das Verlangen kann nie gestillt werden, es verlangt ständig wieder etwas Neues, sobald es ein Objekt einmal als angenehm erfaßt hat.

Und ähnliches trifft auch für den Biertrinker zu. Wenn er ein Glas getrunken hat, dann hat er Lust, noch ein zweites zu trinken, und dann eben noch eines und noch eines. Für jemanden, der noch nie Bier getrunken hat, trifft das nicht zu. Sobald er nämlich nur einen Schluck nimmt, findet er das bittere Zeug grausig, und es wird ihm schwindlig davon. Im Gegensatz dazu natürlich kann das jemand, der sich das Biertrinken angewöhnt hat, sehr gut nachvollziehen.

Wenn man sich dem Tod nähert, entsteht ein noch viel stärkeres Verlangen als während des Lebens. Man hat das Gefühl, jetzt muß ich meinen ganzen Besitz zurücklassen, jetzt muß ich meine Kinder zurücklassen, jetzt muß ich mein Land verlassen; und es entsteht ein starkes Haften an diesen Dingen.

Dieses starke Anhaften verursacht dann, daß die Potentiale, die früher schon auf den Geist gesetzt worden sind, noch viel schneller zum Reifen kommen als es durch das Verlangen während des Lebens schon geschah.

Dieses starke Haften an den Dingen ist das fünfte Glied und wird Greifen genannt.

Als Beispiel wird auf manchen Zeichnungen ein Mensch dargestellt, der nach Äpfeln oder nach irgendwelchen Früchten am Baum greift.

Dieses starke Anhaften ist wesentlich stärker als das Verlangen vorher; das Gefühl, jetzt muß ich alle diese Dinge zurücklassen, erzeugt als Gegenreaktion dieses Greifen danach, dieses Verlangen, sie zu nehmen; und das wird mit dem Greifen nach einer Frucht symbolisiert.

Wenn man zum Beispiel ein Feld gepflügt und bepflanzt hat und es schon einige Zeit im richtigen Zustand war und dann eines Abends ein warmer Regen fällt, kommt es oft vor, daß am nächsten Morgen alles grün ist, daß also auf *einmal* die Pflanzen angefangen haben zu wachsen. In einem solchen Fall war dieser Regen ein ganz besonderer Umstand, der die Pflanzen dann wirklich zum Sprießen brachte.

Dieses Greifen macht die Potentiale, die früher schon gesetzt und dann im Lauf der Zeit auch ständig verstärkt worden sind, so reif, daß sie gerade am Punkt des Resultat-Gebens sind; sie sind also gerade so weit gekommen, daß sie ihr Resultat produzieren. Das ist zu dem Zeitpunkt, wo der Mensch daran ist zu sterben.

Dies ist das sechste Glied in den zwölf abhängigen Gliedern, und es wird Sein oder Existieren genannt. Es ist die Tatsache, daß die Potentiale gerade so weit sind, daß sie ihre Resultate geben können.

Auf manchen Bildern wird das mit einer Mutter im neunten Monat beschrieben, also einer Frau, die ein Kind im neunten Monat trägt und gerade kurz vor dem Geburt-Geben steht.

Diese Darstellungen der zwölf abhängigen Glieder und des Daseinskreislaufs haben Sie vielleicht bisher immer als ein nettes Bildchen betrachtet; jetzt können Sie es sich, wenn Sie nach Hause gehen, nochmals ansehen und die Bedeutung dahinter verstehen.

Das sind alles Dinge, die wir zum gegenwärtigen Zeitpunkt tun. Die Unerkenntnis ist ein Geisteszustand, der in uns vorhanden ist. Als Resultat davon entstehen immer wieder Anhaftung, Haß und alle möglichen andern negativen Geisteszustände. Wir tun unheilsame Dinge. Diese unheilsamen Dinge hinterlassen ihre Potentiale auf unserm Geist, und es entsteht in uns Verlangen. Die weiteren Glieder, das Greifen usw., sind dann allerdings Dinge, die erst gegen das Ende des Lebens eintreten.

So sind wir fleißig dabei, Ursachen zu produzieren; derjenige, der sie produziert, das sind wir; derjenige, der die Suppe auszulöffeln hat, der also die Konsequenzen zu tragen hat, das sind auch wir. Es gibt also niemanden wie eine Polizei, die uns irgendwo gefangennimmt und ins Gefängnis steckt und uns dementsprechend in den Daseinskreislauf gesteckt hätte. Es gibt keine Person, kein Wesen, das uns so etwas antut, sondern wir sind aus den eben erwähnten Gründen im Daseinskreislauf.

Im Ablauf der Erklärungen der zwölf Glieder sind wir nun dort angelangt, wo die Person stirbt und als Bardowesen weiterexistiert, das dann ständig auf Suche ist, sich mit einer neuen Form verbinden zu können, und das sich dann entweder in der Gebärmutter eines Menschen oder in der eines Tieres oder was immer mit fleischlichen Substanzen verbindet.

Auf den Bildern der zwölf abhängigen Glieder wird das Bardo nicht symbolisch dargestellt, sondern lediglich das Geburt-Nehmen, das heißt das sich Verbinden mit den fleischlichen Substanzen. Aber in Wirklichkeit geht das Wesen zu diesem Zeitpunkt durch das Bardo.

Und nach dem Bardo verbindet sich das Bewußtsein mit den fleischlichen Substanzen der Eltern; und dieser Zeitpunkt, wo sich das Bewußtsein mit diesen fleischlichen Substanzen verbindet, wird als Geburt bezeichnet. Das ist das siebte Glied.

Als Symbol wird auf den Darstellungen eine Mutter gemalt, die ein Kind zur Welt bringt; also der Prozeß der Geburt, wie er bei uns bekannt ist, was *wir* als Geburt bezeichnen.

Man sollte jetzt nicht denken, daß man selbst stirbt und das Bewußtsein eines anderen Menschen sich dann mit den fleischlichen Substanzen der neuen Eltern verbindet; sondern man selbst stirbt, und es ist das *eigene* Bewußtsein, das wieder eine neue Geburt nimmt und dann weiterexistiert. Man *selbst* hat die Ursachen gesetzt, Handlungen durchgeführt, und man *selbst* erfährt dann die Resultate.

Das einzige, was dabei passiert, ist, daß sich der Geist vom Körper trennt, daß der alte Körper entweder verbrannt oder begraben oder von den Vögeln gefressen wird und sich das Bewußtsein wieder mit den fleischlichen Substanzen der zukünftigen Eltern verbindet.

Das Bewußtsein existiert dann weiter in Verbindung mit diesen Substanzen. Und der Zeitpunkt des zusammen Existierens wird als Name und Form bezeichnet. Das wäre dann das achte aus diesen zwölf Gliedern des abhängigen Entstehens.

Auf manchen Bildern wird das achte Glied symbolisch mit einem Lederboot dargestellt, in dem ein Mann ist, der dieses Boot auf einem Fluß rudert.

Das Beispiel ist so zu verstehen, daß sich der Mann im Boot befindet und zusammen mit diesem Boot vor und zurück kann: genauso ist das Bewußtsein mit den fleischlichen Substanzen verbunden und auf diese angewiesen.

Im Lauf der Entwicklung des Körpers werden mit der Zeit die verschiedenen Sinne ausgebildet. Dieser Zeitpunkt wird als neuntes Glied des abhängigen Entstehens bezeichnet.

Um die sechs Sinne darzustellen, wird auf diesen Zeichnungen als Beispiel oft ein leeres Haus gemalt. Und zwar ein Haus mit Fenstern und Türen, und diese Fenster und Türen symbolisieren die sechs Sinne.

Im Lauf der weiteren Entwicklung entsteht dann die Fähigkeit der Sinne, ihre Objekte zu treffen und wahrzunehmen. Dies wird als Glied der Berührung bezeichnet. Das wäre das zehnte in diesen zwölf Gliedern des abhängigen Entstehens. Dieses zehnte Glied der Berührung wird auf den Darstellungen oft durch eine Umarmung von Frau und Mann symbolisiert.

Das elfte ist das Glied der Empfindung. Die Sinne wurden schon ausgebildet, eine Berührung der Sinne mit ihrem Objekt hat stattgefunden, und als Resultat dieser Berührung und in Verbindung mit den Organen entstehen dann angenehme und unangenehme Empfindungen; und diese Empfindung wird als elftes aus diesen zwölf Gliedern beschrieben.

Als symbolisches Bild wird auf den Zeichnungen ein Mann dargestellt, den ein Pfeil im Auge getroffen hat. Wenn einen ein Pfeil im Auge trifft, dann verursacht das eine außergewöhnlich starke Empfindung, und deswegen wird es als Beispiel für die Empfindung gemalt.

Das zwölfte dieser zwölf Glieder des abhängigen Entstehens ist das Altern und Sterben. Das heißt, im weitern Prozeß altert und stirbt man eines Tages. Das Bild dafür ist ein alter Mann und ein Leichnam, der das Sterben symbolisiert.

Wenn Sie sich dieses Bild nun ansehen, dann verstehen Sie jetzt die Symbolik hinter den Zeichnungen dieser zwölf kleinen Bildchen außen am Rand; und innen, mit diesen sechs Bereichen werden die verschiedenen Arten des Lebens in diesem Daseinskreislauf beschrieben.

So habe ich diese zwölf Glieder in einer Sequenz dargestellt, in der sie auftreten können, aber es ist durchaus möglich, daß durch verschiedene Umstände manche dieser Glieder zur gleichen Zeit auftreten.

Es sollte deutlich geworden sein, daß unsere Existenz ein ständiger Kreislauf durch diese zwölf Glieder ist; das heißt, daß wir ständig eines nach dem andern dieser Glieder durchlaufen und dann wieder von vorne, und daß wir so in einem ständigen Kreislauf existieren; deswegen werden wir Daseinskreisläufer genannt.

Und dadurch sollte auch deutlich geworden sein, daß dieser Daseinskreislauf nichts anderes ist als das eigene Leben, die eigene Art des Existierens; die Tatsache, daß man unfreiwillig ständig in diesem Kreislauf weitergeht, von einem Glied zum andern.

So ist die eigentliche Ursache dafür *ein* großer Fehler; das Resultat ist Bedrängnis und Leid; und so existieren wir.

Deshalb sollten Sie, wenn Sie irgendwelches Unglück trifft, nicht gleich anfangen zu heulen und alle anzujammern, sondern sich darüber klar werden, daß eigentlich gar nichts anderes zu erwarten ist, daß das durch die *Art* der eigenen Existenz bedingt ist.

Wenn einem deutlich wird, daß das Leid und das Unglück, das man erfährt, durch die eigene Art des Existierens bedingt ist, dann entspannt sich der Geist, er wird offen und weit, und das Leid, das man erfährt, ist wesentlich leichter zu ertragen als sonst, und dadurch wird es auch wesentlich geringer.

Und das ist, was ich am Anfang deutlich machen wollte: Daß wir mit dem Leid und mit den Bedrängnissen, die uns treffen, wesentlich leichter zurechtkommen, wenn uns die eigene Art des Bestehens klar ist.

Das einerseits in bezug auf unsere *weltlichen* Dinge und Probleme. Wenn wir andererseits im *Dharma* eine Entsagung entwickeln wollen, dann ist das beste, diese zwölf Glieder zu betrachten, die Entsagung *damit* zu entwickeln.

Wenn uns deutlich wird, daß *das* unsere Art des Bestehens ist, dieser ständige Kreislauf, daß nichts anderes auf uns wartet als eines dieser Glieder nach dem andern, dann denkt man sich: Also wenn ich *so* leben muß, so weiterexistieren muß, dann habe ich keine Lust dazu, dann will ich aus diesem Kreislauf heraus. Und man kann damit einen starken Wunsch entwickeln, eine Befreiung von diesem Daseinskreislauf zu erlangen.

Deshalb ist es wichtig, daß man sich dafür interessiert, wie man tatsächlich existiert. Dann entsteht auch der Wunsch, es zu verstehen. Wenn man dagegen kein Interesse dafür hat, dann hat man keinen Wunsch, sich darüber klarzuwerden, und dann entsteht auch nie der Wunsch, davon freizukommen.

Es gibt viele verschiedene Möglichkeiten, sich für etwas zu interessieren. *Wir* sollten den *Wert* eines Interesses an diesen Dingen durch *klare Begründungen* erkennen. Denn wenn wir klare Begründungen haben, dann ist unser Interesse echt, und es entsteht auch ein Vertrauen auf die Dinge, die man verstehen will.

Was ist eine richtige Begründung? Zeichen der tatsächlichen Existenz der Dinge sind eine richtige Begründung. Die Dinge existieren auf eine gewisse Art. Ihre tatsächliche Art des Bestehens läßt Zeichen zu, und diese Zeichen sind korrekte und eigentliche Begründungen. Kurz gesagt, wenn es ein Grund ist, der den Tatsachen entspricht, dann nennt man ihn einen korrekten oder perfekten Grund.

Es gibt eine Unzahl von Begründungen, die wir uns selbst zusammenbasteln, die der tatsächlichen Wirklichkeit nicht entsprechen. Diese Begründungen nennt man scheinbare Begründungen. Diese scheinbaren Begründungen haben keine Essenz, es sind keine wirklichen Begründungen.

Tatsächlich verwenden wir viele Begründungen, das heißt, wir überlegen uns Dinge, und es kommen uns Begründungen in den Sinn. Nicht nur uns selbst, auch Tiere ziehen gewisse Schlüsse. Und solang man sich nicht klar darüber wird, ist einem nicht bewußt, daß man Schlüsse zieht.

Ein Tier zum Beispiel, das durstig durch die Gegend schweift und irgendwo Wasser pritscheln hört, denkt sich, ja, dort muß Wasser sein; weil es eben Wasser pritscheln hört. Es hat nicht die Möglichkeit, so etwas auszusprechen, aber es zieht den Schluß, daß dort Wasser sein muß, weil es das Wasser fließen hört, geht hin, um zu trinken, und findet dort auch Wasser.

Ein anderes Beispiel: Ein Polizeihund, der einem versteckten Dieb nachspürt, der entweder den Geruch des Diebes wahrnimmt oder ihn durch Laute erfaßt: Er sieht den Dieb nicht, aber durch den Geruch weiß er, daß der Dieb dort in dieser Richtung sein muß, und er schießt los und greift den Dieb. Dieser Hund *sieht* den Dieb nicht, der Geruch des Diebes ist nicht der Dieb selbst, aber dennoch weiß der Hund, daß der Dieb dort sein muß. Und das Indiz, das ihm diese Schlußfolgerung ermöglicht, ist der Geruch. So wird deutlich, daß der Hund durchaus zu Schlußfolgerungen fähig ist. Er ist nicht fähig, diese zu formulieren oder auszusprechen.

Das sind nur zwei Beispiele. Sie kennen sicher viel mehr, weil Sie wahrscheinlich wesentlich mehr Erfahrung mit Tieren haben als ich. Und so können Sie sich selbt überlegen, ob Tiere Schlußfolgerungen ziehen oder nicht. Und Sie werden sehen, daß sie tatsächlich durch gewisse Umstände zu gewissen Reaktionen kommen und sozusagen Schlüsse ziehen, die sie zwar nicht formulieren und auch nicht aussprechen können.

Der Mensch verwendet in noch viel weiterem Ausmaß Schlußfolgerungen und Begründungen für sehr schwierige und komplexe Gebiete, die mit denen der Tiere nicht zu vergleichen sind. Tiere verwenden solche Schlußfolgerungen höchstens, um kleine, einfache Dinge durchzuführen; der Mensch für wesentlich weitere Aufgaben.

Allerdings, auch wieder im Gegensatz zum Tier, ist ein Großteil der Schlußfolgerungen, die der

Mensch zieht, fehlerhaft. Und zwar deshalb, weil der Mensch viel spricht, viele Gedanken hat und auf Grund dieser vielen wirren Gedanken dann oft falsche Schlüsse zieht. Diese vielen wirren Gedanken haben die Tiere nicht. Das dürfte uns allen deutlich sein. Ein Mensch stellt sich unglaublich viel vor, und ein Tier stellt sich vielleicht ein, zwei Dinge vor, aber nicht mehr. Man muß selbst untersuchen, was richtige und was scheinbare Begründungen sind, und dann den richtigen folgen. So macht man keine Fehler.

Antworten auf Fragen:

Eigentlich ist es nicht sosehr notwendig, *zwei* Leute in das Boot zu setzen. Aber der Maler hat sich das wahrscheinlich so überlegt: Das ist das Glied des Namens und der Form; mit dem Namen ist das Bewußtsein gemeint, das sich mit den fleischlichen Substanzen verbunden hat, und mit der Form sind die fleischlichen Substanzen gemeint. Da das nun *zwei* sind, hat der Maler wahrscheinlich gedacht, er malt da zwei Leute hinein. Das dürfte der Grund dafür sein.

Es gibt verschiedene Reihenfolgen, in denen das erklärt wird. In den Texten wird eine ganz bestimmte Reihenfolge erwähnt, die von der abweicht, die ich heute erklärt habe. Da werden Dinge, die heute am

Schluß kamen, an den Anfang gesetzt und umgekehrt. Heute habe ich für die Erklärung die Reihenfolge gewählt, in der wir die Glieder eines nach dem andern erfahren.

In den Texten ist die Reihenfolge anders, und die meisten Bilder werden der Erklärung der Texte folgen. Und zwar sind dort die ersten drei Glieder gleich; dann werden zwischen diese und die nächsten drei Glieder, das ist Verlangen, Greifen und Sein, die drei Glieder der Resultate hineingeschoben.

Es gibt einen ganz bestimmten Grund, weshalb die Texte die Reihenfolge anderst erklären, und zwar zuerst die Empfindung und nachher das Verlangen. Ich fürchte jedoch, wenn ich das jetzt auch noch erkläre, wird die schöne Reihenfolge, die Sie jetzt im Gedächtnis haben, ganz durcheinandergebracht.

Die Reihenfolge, die ich heute gewählt habe, erklärt die Ursachen zuerst und die Resultate danach. Zuerst müssen natürlich die Ursachen kommen, und dann werden die Resultate erfahren.

Diese Reihenfolge weicht von der der Texte ab, denn die Texte beziehen sich auf den Gedanken, daß in uns, wenn wir etwas Angenehmes empfinden, meistens daraus Verlangen nach dem bestimmten Objekt entsteht. Wenn wir etwas Unangenehmes empfinden, dann entsteht daraus Abneigung. Und deshalb wird dort zuerst die Empfindung, das heißt die Empfindung des Angenehmen erwähnt, und dann erst das Verlangen. Auf Grund dieser Tatsache wird die Reihenfolge umgekehrt; während die Erklärung, die ich heute gegeben habe, der Reihenfolge entspricht, in der die zwölf Glieder in bezug auf ihre Ursachen und Wirkungen angeordnet werden können.

Viele von Ihnen wissen wahrscheinlich auch Bescheid über die sogenannten vier Wahrheiten: Die Wahrheit des Leidens, des Ursprungs des Leidens, der Beendigung des Leidens und des Weges, der zu dieser Beendigung führt. Das ist die Reihenfolge, in der diese vier Wahrheiten in den Texten erwähnt werden. Nun, die Reihenfolge, in der man sie erfährt, ist ganz anderst. Und zwar kommt zuerst die Ursache des Leidens, und dann erfährt man das Leiden; da ist die erste Sequenz verdreht. Und dann muß man zuerst den Weg zur Beseitigung des Leidens gehen, und erst dann kann man es beseitigen; da ist die zweite Sequenz verdreht. So entsprechen die Erklärungen der Texte in diesem Fall *auch* nicht der Reihenfolge, in der die Punkte erfahren werden.

Ich habe erwähnt, daß es zum Wachsen einer Ähre oder einer Blume immer einen Samen als hauptsächlichste Ursache benötigt, und dann die Umstände wie eben Erde, Feuchtigkeit usw. Das habe ich als Beispiel benützt, und ich habe das Beispiel eben so einfach präsentiert, weil das etwas ist, was wir mit den eigenen Augen leicht beobachten können. Wenn ich ein solches Beispiel gebe, dann kann man das leicht erfassen und leicht Parallelen ziehen. Nur aus diesem Grund habe ich es so dargestellt.

Wenn man jedoch wirklich das Entstehen zum Beispiel einer Ähre oder irgendeines Resultates aus einem Samen genauer betrachtet, dann gibt es noch viele sehr komplizierte Dinge zu berücksichtigen und auch verschiedene Gedanken in bezug auf die subtile Abhängigkeit der Phänomene, die mühsam nachzuvollziehen sind. Würde ich die alle mit ins Spiel bringen, dann wäre die Wirkung, der Sinn des Beispiels verloren.

Nun bezüglich der andern Frage, des Existierens im Daseinskreislauf. Unsere Art des Existierens ist zwar wohl so, wie ich beschrieben habe, nämlich daß wir in dieser Abhängigkeit bestehen. Aber das schließt nicht aus, daß es eine Entwicklung des Geistes gibt, eine Weiterentwicklung des Geistes zu etwas Höherem; diese gibt es durchaus.

Wir erfahren in unserer Existenz viel Leid und auch Glück. Was wir uns wünschen, ist natürlich das Glück, was wir nicht mögen, ist das Leid. Die Ursachen sowohl für das Glück wie auch für das Leid haben wir selbst geschaffen. Das heißt, wir setzen die Ursachen, und wir erfahren auch das Resultat.

Nun, um nicht Leid, sondern Glück zu erfahren, müssen wir die negativen Ursachen verringern und die heilsamen oder positiven möglichst vermehren. Wenn einem das gelingt, dann beinhaltet das auch eine Weiterentwicklung. Das heißt, daß man durch Ansammlung von heilsamen Ursachen immer mehr Glück und Verständnis erlangt und durch Vermeiden der unheilsamen das Leid und die negativen Aspekte mehr und mehr unter Kontrolle bekommt.

Um ein ganz einfaches Beispiel zu geben: Herbert könnte mir böse Worte sagen oder mich beschimpfen oder schelten. Ob ich mich nun ärgere oder ob ich das ertrage, das liegt in *meiner* Hand. Wenn ich mich darüber ärgere und als Resultat davon vielleicht zurückschimpfe, dann setze ich unheilsame oder negative Ursachen. Wenn ich den Geist ruhig behalte, ertrage, ganz gleich, was immer gesagt wird, dann ist das eine fehlerlose Führung des Geistes, und es werden heilsame Ursachen gesetzt. Und durch heilsame Ursachen entsteht eine Weiterentwicklung, es entstehen eben Ursachen für zukünftiges Glück. Und so liegt es ganz in *meiner* Hand, welchen Weg ich wähle.

Allerdings fällt es uns wesentlich leichter, uns zu ärgern als etwas zu ertragen; und der Grund ist, daß wir uns an das Ärgern sosehr gewöhnt haben. Dennoch liegt es letztlich in *unserer* Hand, ob wir uns ärgern oder ob wir etwas ertragen. Das Ertragen mag zwar am Anfang wesentlich mühsamer und schwieriger sein; der Haß jedoch ist eine Basis, die nur Leid für einen selbst und die andern in der Zukunft bringt, also nur Negatives; während das Ertragen eine Basis für Glück für einen selbst und die andern in der Zukunft ist, eine Basis, die eine Weiterentwicklung, ein Vorwärtsschreiten des Geistes mit sich bringt.

In diesem ganz einfachen Beispiel gibt es natürlich auch wieder ein letztliches Resultat und ein gegenwärtiges Resultat der Handlung. Ganz abgesehen vom letztlichen Resultat, wenn man nur die *gegenwärtige* Wirkung dieser zwei Möglichkeiten betrachtet: Würde sich die bescholtene Person ärgern und womöglich etwas zurückmaulen, dann würde sich der andere nur noch mehr aufregen, man würde sich selbst aufregen und dadurch schon etwas Bedrängnis erfahren.

Im Gegensatz dazu, würde der Bescholtene ertragen, was gesagt wird, und würde ihm bewußt werden, daß das Ertragen, das er, vielleicht mit etwas Anstrengung, durchführt, eine heilsame Handlung ist, und sich darüber freuen, dann würde das seinen Geist ruhighalten, und das Leid, die Bedrängnis des Ärgers würde ausfallen; und der andere, der ihn gescholten hat, würde sich wahrscheinlich schämen, weil er keine Reaktion bekommt, und sich ebenfalls beruhigen; und dadurch hätte die ganze Situation einen eher positiven Ausgang.

Ich freue mich sehr, daß Sie solches Interesse zeigen, und ich bedanke mich auch bei den Leuten, die den Saal besorgt und das Treffen möglich gemacht haben.

Ich ermutige alle, sich weiter zu bemühen und zu denken, daß das wirklich unser aller Arbeit ist. Ich empfinde das ebenso. Und ich bitte, diejenigen, die die Organisation machen, zu unterstützen, denn das nützt vielen Leuten, die nicht weit reisen können und eben dennoch Interesse an Unterweisungen haben.

Ich hoffe, Sie alle bald wieder zu sehen.